종교개혁 시리즈 15

95 Lutherorte, die Sie gesehen haben müssen

루터의 발자취

95개 루터 유적지

베르너 슈반펠더 지음 | 조미화 옮김

기독교문서선교회

기독교문서선교회(Christian Literature Center: 약칭 CLC)는 1941년 영국 콜체스터에서 켄 아담스에 의해 시작되었으며 국제 본부는 미국의 필라델피아에 있습니다.

국제 CLC는 59개 나라에서 180개의 본부를 두고, 약 650여 명의 선교사들이 이동도서차량 40대를 이용하여 문서 보급에 힘쓰고 있으며 이메일 주문을 통해 130여 국으로 책을 공급하고 있습니다.

한국 CLC는 청교도적 복음주의 신학과 신앙서적을 출판하는 문서선교 기관으로서, 한 영혼이라도 구원되길 소망하면서 주님이 오시는 그날까지 최선을 다할 것입니다.

95 Lutherorte, die Sie gesehen haben müssen

Written by
Werner Schwanfelder

Translated by
Mi-Hwa Cho

Copyright © 2015 by Neukirchener Verlagsgesellschaft mbH.

Originally published in German under the title as
95 Lutherorte, die Sie gesehen haben müssen

by Neukirchener Verlagsgesellschaft mbH.
Translated and used by the permission of Neukirchener Verlagsgesellschaft mbH,
Andreas-Bräm-Straße 18/20, D-47506 Neukirchen-Vluyn, Germany

All rights reserved

Korean Edition
Copyright © 2017 by Christian Literature Center
Seoul, Korea

나는 헌신하는 수고를 본능적으로 회피하는데, 이 책은 특별하고 온전한 헌신이 요구되었다.

또한 이 책은 나의 아내 수잔네의 헌신이기도 하다. 그녀는 나에게 많은 아이디어와 동기부여를 해주며 내가 자주 간과하고 지나치려 했던 작은 곳들까지 꼼꼼히 살펴 주었고, 나와 함께 전체 루터 유적지를 탐방하고 연구하며 자료들을 모았을 뿐 아니라 항상 나를 위해 조언과 동역을 아끼지 않았다.

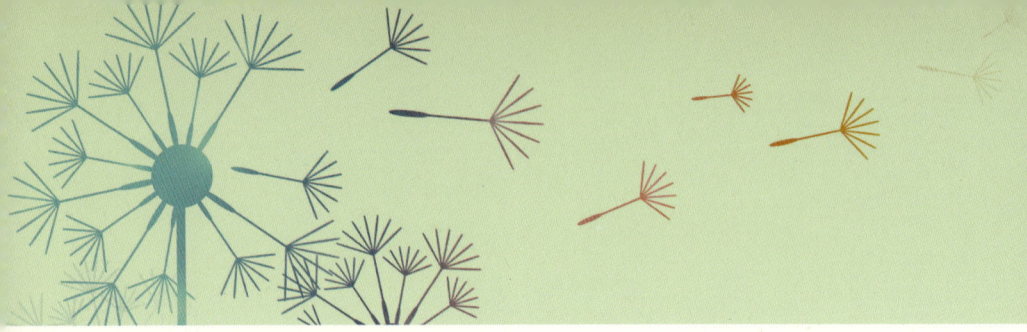

추천사 1

김용주 박사
분당두레교회 담임목사 / 안양대학교 신학대학원 겸임교수

"와, 이런 책이 나왔구나! 정말 꼭 나와야 할 책이 나왔구나!"

필자는 본서를 보았을 때 너무 놀랐고 감사했다. 독일에 가서 루터에 관하여 논문을 쓰고 박사학위를 취득했음에도 불구하고 본서는 필자에게도 너무도 요긴한 책이 될 수 있다고 생각되었기 때문이다. 마침 필자에게 본서의 추천사를 부탁해서 기꺼이 쓰겠다고 말했다.

2017년은 종교개혁 500주년을 기념하는 해이다. 국내에서도 종교개혁의 정신을 계승하기 위하여 루터의 책들을 번역하거나 그에 관한 책들을 출간하거나 그리고 학술 심포지움 등 여러 가지 프로그램들이 준비 중에 있을 것이다. 이런 흐름에서 루터와 같은 독일 사람인 베르너 슈반펠더(Werner Schwanfelder)에 의해 발행된 『루터의 발자취』(95 Lutherorte, die Sie gesehen haben müssen)라는 책은 시기적절하게

나온 책이다. 왜냐하면 우리의 종교개혁 연구가 그 당시 상황에 대한 지리적, 역사적 연구 없이 대개 조직신학적으로 탐구가 되는 경향이 있어 왔기 때문이다.

본서를 쓴 부부는 이런 부족한 점을 보충하기 위하여 애를 썼던 것 같다. 그들은 루터가 직접 태어난 곳인 아이스레벤(Eisleben)을 중심으로 그의 주요 활동 무대였던 비텐베르그(Wittenberg) 뿐만 아니라, 루터가 자주 다녔던 작센 지역과 작센-안할트 지역 그리고 튀링엔 지역의 루터길(Lutherwege)로 지정된 유적지를 직접 탐방하였다.

그들은 방문한 마을 혹은 도시에서 루터와 관계있는 지역들을 선정하여, 먼저 루터가 그 곳에서 무슨 일을 했는지에 대하여 철저히 조사를 하여 루터에 관한 사실들을 소개하고, 그런 다음 그 도시에 관한 중요한 특징들을 독자들에게 제공하여 그들로 하여금 루터의 설교나 책을 읽을 때 좀 더 잘 이해가 되도록 하였다.

필자는 1991년에 독일로 유학을 간 후에 16년 동안 루터의 신학을 연구하여 박사 학위를 받기까지 그의 책을 많이 읽고 그의 신학 사상을 심도있게 연구하였다. 그러는 동안 그가 살고 활동했던 지역에 여러 번 방문한 적이 있었다. 하지만 여러 군데를 방문했다고 생각했지만 지금 돌이켜 보면 스무 곳도 안되었다.

그런데 이번에 본서의 저자는 아내와 함께 95개나 되는 엄청난 지역을 방문했다. 마치 루터가 1517년 10월 31일에 95개 논제를 궁성교회에 붙였던 것처럼 그들은 95개 지역을 방문했다. 물론 95개의 마을이나 도시는 아니다. 아이제나흐(Eisenach)의 경우 이 지역의 유명한 네 군데의 장소를 소개하고 있다. 이 도시 뿐만 아니라 한 도시에서 루터와 관계된 4-5곳을 방문한 곳이 여러 곳이다.

우리는 이들의 방문이 우리 외국인의 방문과 차원이 다르다는 점을 염두에 두어야 한다. 우리들이 아무리 그 지역들을 방문했다 하더라도 그 냄새와 숨결까지 파악하기가 쉽지가 않다. 그러나 이들은 독일인들이기 때문에 단지 그 도시만 본 것이 아니라 그 도시 속을 보며 그와 동시에 루터의 행적을 좀 더 깊이 전달할 수 있다.

예를 들어 라이프치히(Leibzig)의 토마스교회의 경우를 보자. 저자는 먼저 이 도시에서 가장 유명한 토마스교회가 루터와 어떤 관계가 있는지에 대하여 소개한다. 이 교회에서 루터는 1519년 당시 가톨릭의 대표적인 관변 신학자였던 요한 엑크와 칭의에 대하여 토론하였으며 설교도 했다. 그후 1539년에도 그 곳을 방문하여 성령강림절에 설교와 함께 개혁을 단행했다는 사실도 소개한다. 저자는 여기에서 끝나지 않고 이 토마스교회가 언제 지어졌으며 어떤 역사를 거쳐 왔는지에 대하여서도 소개하고, 더불어 이 교회에서 음악 담당

자로 활동했던 요한 세바스티안 바흐에 대하여서도 언급하여 이 교회가 가진 주요 특징들도 알차게 소개한다. 물론 이 교회 사진도 함께 첨부하여 독자들로 하여금 좀 더 생생하게 그 시대의 일들을 떠올리게 한다.

본서가 종교개혁 500주년을 맞이하여 그의 발자취를 따라가 보려는 사람들에게 최고의 길잡이 역할을 할 수 있을 것이라고 보며, 방문자가 본서를 읽어보고 그대로만 따라가다 보면 루터 종교개혁이 어느 정도나마 파악될 것이라고 확신한다.

또한 본서는 그리로 직접 가지는 못하나 종교개혁의 정신을 살펴보려는 사람들에게도 첨부된 사진을 통하여 그 지역들을 보게 하여 그 지역의 특징들을 알려 주므로 그곳으로 가지 않아도 큰 도움이 될 것이다. 필자와 같이 루터의 책을 읽고 그의 사상을 공부하는 분들에게도 본서는 역사적 배경을 알려주어 그의 글을 좀 더 잘 이해하도록 돕고 있다.

종교개혁의 정신을 되새기고자 하시는 모든 분들에게 "이번 종교개혁 500주년 기념은 본서와 함께 시작 하십시오"라고 강력하게 추천하고 싶다. 또한 본서는 번역에 있어서도 수준급이다. 왜냐하면 독일에서 오랫동안 선교사로 지냈던 분들이 본서를 번역했으므로 믿고 읽을 수 있는 번역이기 때문이다.

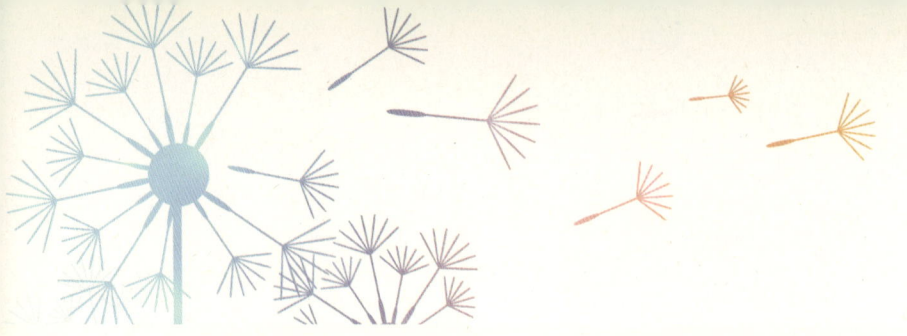

　본서를 읽는 모든 분들이 "오직 하나님께만 영광을"(*soli deo gloria*), "오직 은혜로만"(*sola gratia*), "오직 믿음으로만"(*sola fide*), "오직 그리스도만"(*solus christus*), "오직 성경으로만"(*sola scriptura*)을 외쳤던 루터의 개혁의 함성을 듣기를 간곡히 바란다.

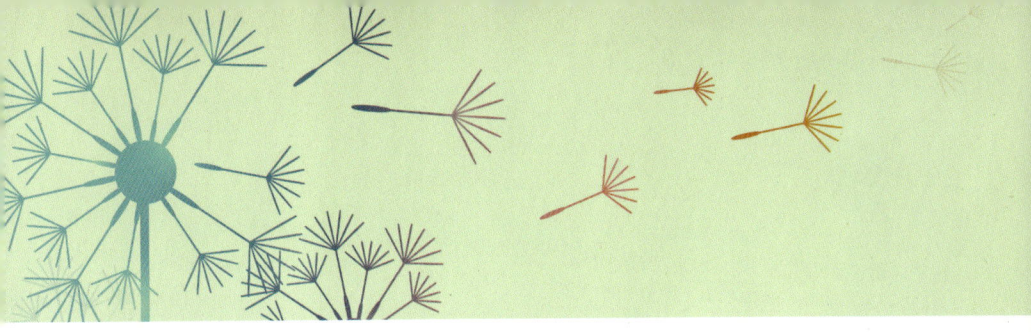

추천사 2

임종구 목사
푸른초장교회 담임목사

　마르틴 루터가 종교개혁을 시작한지 내년이면 500주년(1517-2017)이 된다. 그 어느 때보다 종교개혁에 대한 관심이 고조되면서 종교개혁에 대한 다양한 포럼과 세미나, 학술 논문과 책자들의 발간과 아울러 유럽 종교개혁지를 방문하는 행사들이 성황을 이루고 있다.
　이런 때에 베르너 슈반펠더의 『루터의 발자취』란 책이 번역되어 나온다는 소식에 기쁜 마음을 감출 수 없다. 종교개혁을 말할 때 루터는 언제나 언급되지만 역설적으로 한국교회에서와 신학계에서 루터는 주빈(主賓)의 자리에 있지 못하다. 루터를 가볍게 평가하거나, 오히려 2세대 종교개혁가들에 집중한다. 종교개혁사를 연구한 필자는 이런 면에서 늘 아쉬운 마음이 있었다.

본서는 먼저 루터에 대해 깊이 알고자 하는 사람들을 위한 책이다. 독일 작센 주의 크고 작은 도시들을 루터의 발자취와 함께 한걸음씩 따라가며 여행을 하려는 사람들에게는 본서는 더할 수 없는 선물이 될 것이다. 또한 직접 유럽을 방문하지 않더라도 루터의 전기나 독일 종교개혁을 읽어 내려갈 때 본서를 옆에 두고 그 지명, 도시, 장소에 얽힌 이야기를 함께 읽으면 좋을 것이다.

나는 지난 여름 아내와 유럽을 약 한 달여 다녀왔다. 종교개혁지를 부부가 함께 돌아보고 책을 쓴 저자의 글을 읽으면서 새삼 지난 여름의 여행이 떠올랐다. 저자 부부의 모습이 그려진다. 아마도 한 사람은 운전대를 잡고 한 사람은 지도를 펴놓고 있었을 것이다. 그래서 본서를 읽다보면 마치 작센에 와 있는 느낌을 받는다.

루터 역시 여행의 사람이었다. 수 없는 도시를 말을 타거나 마차로, 혹은 걸어서 이동을 했다. 그리고 이 호탕한 개혁자의 식탁은 단순한 식사의 자리를 넘어 탁상담화로 이어지곤 했다. 루터는 글을 읽지 못하는 사람들을 위해 친구 크라나흐의 도움을 받아 풍자적인 만화를 만들어내었고, 1522년 9월에 나온 독일어 신약성경은 날개 돋친 듯 팔렸다.

이렇게 루터의 성경이 대히트를 친 것은 그가 대중의 언어를 사용했기 때문이었다. 루터는 융커 요르그라는 기사로 변장을 하고 시장

과 거리로 나가 일반 독일 민중이 말하는 방식을 경청했다. 그리고 당시 표준 독일어가 존재하지 않았던 시대에 루터는 실제로 동부 작센에서 서부 라인란트까지 보편적으로 이해 가능한 언어인 표준 독일어를 형성하는데 일조하였던 것이다. 이렇게 그 성경의 반향은 컸다. 독일어라고는 더듬거리며 읽는 게 고작인 재단사도, 구두 수선공도, 독일어 성경을 진리의 샘이라도 되는 것처럼 열중해서 읽었고, 그것을 암기했던 것이다. 이렇게 작센 주, 작센-안할트 주, 튀링엔 주의 루터길을 따라가다보면 루터의 비하인드 스토리와 만나게 될 것이다.

아울러 이 소중한 책을 번역한 역자 역시 부부인데, 독일 선교사로 오랜 세월을 사역했던 분이어서 본서의 느낌까지도 더 잘 담아낼 수 있었다. 한국은 종교가 전래 되었지만 종교개혁의 개혁이 일어난 적은 없다. 그러나 또 하나의 종교개혁이 필요한 시대를 살아가는 한국의 신자들에게 본서는 개혁자의 숨결과 열정을 전해줄 것이다.

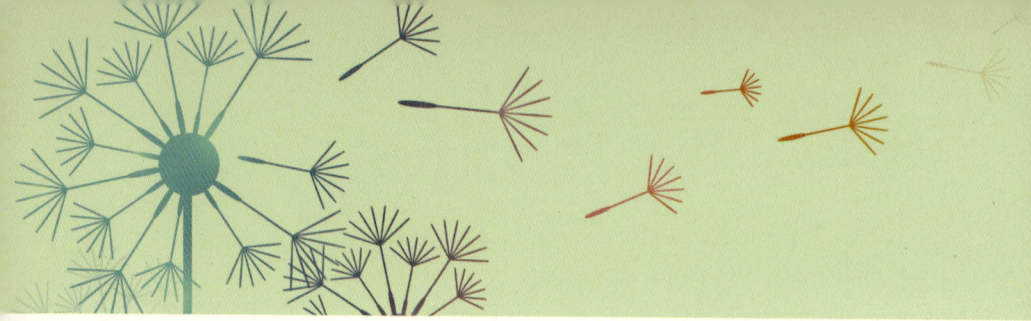

추천사 3

요헨 뵐(Jochen Bohl)
개신교 루터파 작센 주(州) 영방교회* 주교

본서에 소개된 95개의 루터 유적지를 전부 다 가본 사람은 없을 것이다. 그러나 마틴 루터의 발자취를 따라 그의 삶이 우리가 사는 이 시대 어떤 영향을 주었는지에 관심이 있다면 종교개혁 500주년을 기념하여 루터의 유적지를 한 번 쯤 찾아가 보려는 사람들은 있을 것이다.

루터와 종교개혁의 발달사는 세계를 움직였고 오늘날도 살아 움직이고 있는 역사이다. 본서는 대부분의 사람들이 자신이 사는 마을이나 도시 그리고 주변 지역을 거의 떠나본 적이 없던 시대에 마틴 루터가 여행하고 머물렀던 95개 지역을 소개하고 있다.

루터의 일생은 단지 위에서 말한 바와 같이 지리학적인 의미에서 중요한 것이 아니다. 그의 일생은 아이스레벤에 살던 중세시대 평범

---

* 영방교회(領邦敎會, Landeskirche)는 주(州)에 있는 각 개별 교회를 관할하는 교회이다.-역주.

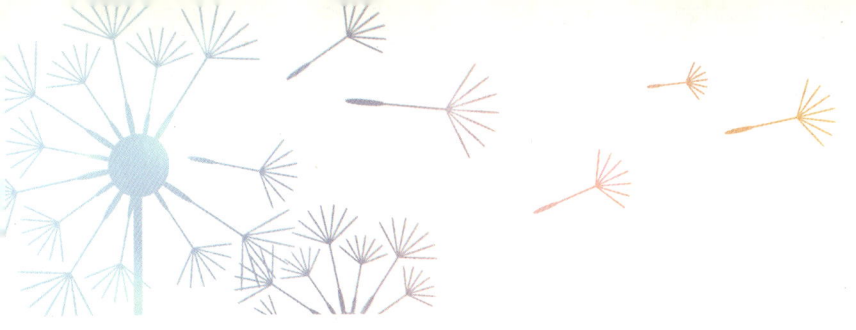

한 가정의 아들이 비텐베르그대학교 신학교수가 되기까지의 과정을 담고 있다.

  가톨릭 신자에서 종교개혁가로, 수도승에서 남편으로, 종교개혁가에서 새로운 교회, 개신교의 창시자로. 그는 인간의 구원은 노력으로 얻어지는 것이 아니라 전적인 하나님 은혜의 선물이라는 사실을 다시 발견함으로 당시의 신학과 경건에 관한 생각에 변화를 일으켰다.

  이를 출발로 그는 영적인 각성을 촉구하게 되었고 결과적으로 새로운 시대를 여는 계기가 되었다. 종교개혁가 루터의 업적은 오늘날 현대를 사는 우리의 삶에 많은 영향을 끼치고 있다.

  예를 들면 그의 성경 번역의 결과로 우리는 지금 통일된 독일어를 사용하고 있는 것이다.

  루터길에 있는 유적지를 탐방하면 흥미로운 발견과 함께 종교개혁사와 오늘날 종교개혁이 준 영향을 좀 더 잘 이해하고 배울 수 있을 것이다. 본서는 이런 분들에게 흥미로운 관점을 제시하며 길잡이의 역할을 할 것이다.

추천사 4

일제 융커만(Ilse Junkermann)
개신교 중부독일 영방교회 주교

루터의 발자취를 찾거나 그의 삶을 연구하는 데는 여러 가지 방법이 있다.

첫 번째 방법은 가장 실제적이고 구체적인 것이다.

"마틴 루터는 어디에 있었을까?

무엇이 그를 그곳까지 가게 하였을까?

그곳에서 그는 무엇을 하였을까?

어떤 흔적과 증거물들이 남아 있을까?"

이런 질문을 하면서 이렇게 실제 장소를 가보는 것이 정말 좋은 연구 방법이다. 어떤 곳은 당시에도 작았고(그러나 루터에게는 작고 초라하지 않았던 곳) 오늘날도 너무 작고 시골인 곳도 있을 것이다. 그는 많은 지역을 방문했고 많은 사람들을 만나서 기쁨의 좋은 소식, 복음을 전파했다. 모든 사람은 하나님으로부터 왔으며 노력으로 얻을 수 없는

값없는 사랑을 하나님으로부터 받고 있는 존재이다. 마틴 루터 또한 이 사랑으로 살았으며 여러 지역에서 많은 사람들을 만나면서 이 사랑을 실천했다.

  두 번째 방법은 마틴 루터가 하나님의 사랑과 은혜의 복음에 대해 어떻게 새롭게 깨닫게 되었는지의 과정을 따라가 보는 것이다. 이렇게 얻은 내적인 깨달음은 루터의 유적지와 그에 연관된 루터의 삶을 이해하는데 큰 도움이 될 것이다.

  실제 발로 밟고 찾아가는 과정에서 올바른 생각과 감각과 통찰을 얻게 된다. 20세기 말에 많은 사람들이 새롭게 발견한 성지 순례의 의미는 다음과 같은 인식과 연관이 있다. 발과 손에 의해 지탱되는 머리와 가슴이 건강하다. 우리가 지방과 마을과 도시들을 둘러보며 얻은 지식은 우리의 내적인 사고를 건강하게 한다. 우리가 실제 새로운 것을 둘러보고 기존의 견해와 사고를 변화시키는 것은 건강한 것이다.

  우리가 새로운 길을 개척하는 것은 건강한 연구 방법이다. 이런 새로운 시도는 틀에 박힌 익숙한 것에 대해 거리를 두고 자유롭게 사고할 수 있게 한다. 새롭게 역사의 흔적을 따라서 말이다. 95개의 루터 유적지를 살펴보는 본서가 독자들에게 이런 건강한 행복, 즉 독자들 개인의 삶에 새로운 통찰과 발자취를 선물할 수 있기를 바란다. 비텐베르그 종교개혁의 나라에 오신 것을 환영한다.

저자 서문

베르너 슈반펠더

　루터에 관하여 많은 연구와 토론이 이루어지고 있다. 우리는 루터에 관한 연구와 책들을 읽을 수도 있고 직접 루터를 연구할 수도 있다. 필자는 직접 루터를 연구하는 쪽을 택했고 그의 발자취를 따라 걸어갔다.

　루터는 독일의 어디에 있었으며 그는 이곳에서 무엇을 하였는가? 필자는 제일 먼저 루터에 관한 기초적인 조사에 착수했다. 이전에는 필자도 루터에 관하여 학생 때 들은 종교 수업이나 그후 교회모임에서 들은 것 외에는 아는 것이 없었다. 이번에 필자는 아내와 함께 루터가 머물렀던 곳이나 오늘날 루터의 흔적이 남아있는 곳을 직접 둘러보았다. 필자의 아내는 이 여행에서 길을 안내하는 역할을 하였다. 그녀는 필자가 어떻게 운전해야할지 어디에 바로 루터의 유적지가 있는지를 가르쳐주었다. 여행 중에도 그녀는 필자가 사전 조사에

서 간과한 루터 유적지까지 찾아서 알려주었다. 우리는 사전 조사에서 빠졌거나 간과해버린 곳들까지 모두 직접 방문하였다.

　방문한 모든 유적지는 흥미로웠고 각각의 특색이 있었다. 우리는 많은 기념비와 건축물들을 보았고 필자는 직접 사진을 찍었다. 우리는 유적지 근처에 사는 주민들을 상대로 취재도하고 다른 정보들도 수집하였다. 이 여행은 힘들었지만 또 그만큼 값지고 아름다운 시간이었다. 이렇게 우리는 루터의 삶 속에 깊숙이 들어가고자 했다. 필자는 여행 중에 루터가 비텐베르그 궁성교회 문에 150개의 논제를 붙였더라면 더 좋았을 뻔했다고 생각했다. 왜냐하면 우리는 95개 논제를 기념하기 위하여 95개의 루터 유적지만을 추려 방문하고 책을 내기로 했기 때문이었다.

　사람들이 여행하고 차를 타고 갈 수 있는 곳으로 작센(Sachsen) 주, 작센-안할트(Sachsen-Anhalt) 주, 그리고 튀링엔(Thüringen) 주에 있는 유적지들을 탐방하였다. 이 유적지들은 모두 "루터길"(Lutherwege)로 지정된 곳으로서 각 지역에 속한 관광청에서 제공하는 관광 정보들을 참조할 수도 있다.

　이번 여행을 통해 필자가 발견한 루터에 대해 간추려 적어 보고자 한다.

첫째, 루터는 정말 엄청나게 여러 곳을 다녔다. 필자는 사실 위에 언급한 세 개의 주 외에 있는 지역은 제외시켰다. 예를 들면 코부르그(Coburg), 보름스(Worms), 로마(Rom) 그리고 많은 다른 지역들이 있다. 루터는 거의 일 년 내내 여행 중이었다. 때로는 말을 직접 타거나 마차를 타고 가기도 했지만 대부분 걸어서 다녔다. 걸어서 이 많은 곳을 다녔다니 정말 대단하다고 말하지 않을 수 없다!

둘째, 우리가 직접 방문했던 거의 대부분의 유적지에서 루터는 설교를 했다. 그는 이 모든 설교를 하기 전 설교를 준비해야 했을 것이다.

그는 도대체 어디서 어떻게 이 많은 설교를 준비할 수 있었을까?

게다가 그는 어떻게 시간을 낼 수 있었을까?

그는 보통 사람이 가질 수 없는 실행력을 가지고 있었던 것 같다. 그가 비텐베르그에 머물 때에는 점심 식사자리에서도 준비되어진 탁상 담화를 하였다. 루터와 식사하기를 원하는 사람들이 항상 많았는데 그들은 그와 함께 식사를 하며 그의 얘기를 듣고 이를 받아 적어 책으로도 발간했다. 이외에 편지와 논문들 그리고 소책자들을 썼으며 거기에다 성경 구절까지 번역했다. 한 사람이 이루어낸 것으로 믿기 어려울 정도의 방대한 양이다.

셋째, 루터는 많은 지지자들을 가지고 있었다. 그의 아내 캐테

(Käthe)는 그가 여행에서 돌아오면 그를 돌보았으며 그를 살피고, 그의 기분과 변덕까지 받아주었다. 이 여인에게는 루터에게 못지않은 존경과 경의를 표해야 할 것이다. 루터의 캐테가 없이는 루터 또한 이 많은 것을 할 수 없었을 것이다. 그리고 루터가 종교개혁의 유일한 인물은 아니었다. 그와 가장 밀접한 사람들을 들자면 멜란히톤(Melanchthon)과 슈팔라틴(Spalatin)이 있다. 루터는 뚝심이 있는 사람이요 감정적이었고 허술한 면이 있는 사람이었다.

그러나 멜란히톤은 뒤에서 모든 것을 치밀하게 실행하는 조직가였다. 멜란히톤은 개신교 조직신학을 만들어냈으며 루터가 흥분하면 멜란히톤이 이성적으로 대처함으로 종교개혁을 안정화시켜 나갔다. 슈팔라틴은 정치적인 중재자로 정치인들과 영주들 그리고 주교들과의 인맥을 관리하였다. 그의 정치적인 중재가 없었다면 종교개혁은 이미 초반에 무너졌을 것이다.

넷째, 루터는 아주 능력 있는 인사 관리자였다. 그는 당시 거의 모든 개신교교회의 사역자들을 천거했다. 천거한 대부분의 사역자들이 루터에게 배운 제자들이었으며 루터는 그의 제자들을 새로운 개신교교회에 파송했다. 필자는 이번 루터 유적지를 돌아보면서 루터에 관하여 완전히 다른 심도 있는 관점을 얻게 되었다. 이 자체만으로도 여행에 들인 수고의 대가로 충분하다.

 필자는 본서를 읽는 독자들이 루터에 관하여 새로운 경험을 얻을 수 있기를 바란다. 독자들이 본서를 자신의 서재에서 즐겁게 읽는다면 필자 또한 기쁠 것이다. 그런데 혹자가 본서와 함께 직접 루터 유적지를 방문한다면 더 기쁠 것 같다. 만약 당신이 본서를 읽고 한 걸음 더 나아가 직접 새로운 것을 발견하고 싶다는 욕구를 가지게 된다면 필자는 정말 더 기쁠 것 같다. 왜냐하면 본서의 주목적이 바로 여기에 있기 때문이다.

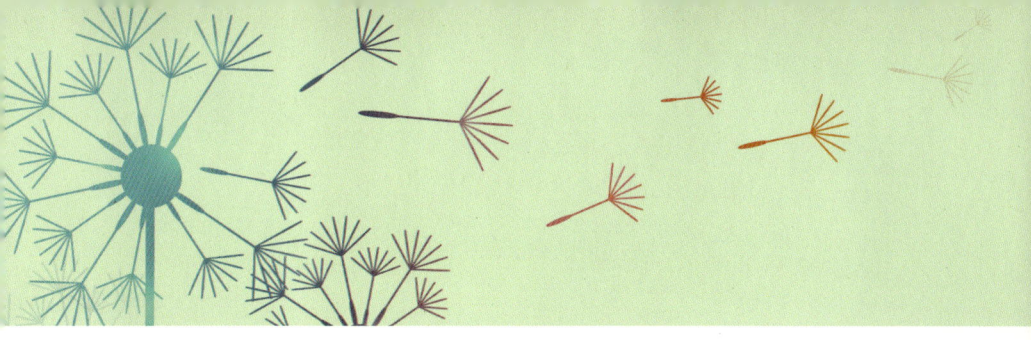

역자 서문

조미화
전 독일 선교사

역자는 독일과 인연이 깊다. 독일에서 10년을 사는 동안 비텐베르그와 아이제나흐의 루터 관련 유적지를 직접 탐방하였다. 그러나 종교개혁가 루터에 관하여 자세히 알고 있지 않았으므로 뜻깊은 유적지를 방문해도 큰 감흥이 없었다.

2017년 종교개혁 500주년을 바로 앞에 둔 시점에서 우리는 매스컴 및 우리가 속한 교회와 관련 모임에서 종교개혁가 마틴 루터의 이름을 어렵지 않게 접하게 된다. 역자 역시 교회에서 종교개혁 500주년을 기념하여 열린 북 세미나에 참석하여 루터와 종교개혁에 관하여 좀 더 알게 되었으며 나아가 더 알고 싶은 동기부여를 받는 계기가 되었다.

본서를 번역하면서 여기저기서 두서없이 들은 종교개혁의 역사를 머릿속에 정리할 수 있었으며 역사적인 장소를 가장 최신의 사진으

로 보는 시각적인 즐거움도 누릴 수 있었다. 또한 종교개혁의 역사 외에 음악의 거장 요한 세바스티안 바흐, 게오르그 프리드리히 헨델, 독일이 낳은 대문호 괴테, 정치적인 거장들, 그중에 대표적으로 나폴레옹과 연결된 에피소드와 유적지들을 알아가는 재미도 있었다.

무엇보다 종교개혁이라 하면 마틴 루터만을 떠올리지만 마틴 루터와 함께 종교개혁을 이끌어나간 그의 귀한 동역자, 게오르그 슈팔라틴, 필립 멜란히톤 그리고 루터의 아내 카타리나 폰 보라가 있었다는 것을 알 수 있다.

루터가 살던 중세시대나 오늘을 살고 있는 우리들에게 공통적인 문제는 "죄와 구원의 문제"이다. 가톨릭과 개신교를 가르는 가장 핵심적인 교리가 여기에서 나왔다. 인간의 구원은 인간의 행위가 아니라 전적인 하나님의 은혜의 선물, 즉 십자가에서 우리의 죄 문제를 해결하신 하나님의 아들 예수 그리스도를 믿는 믿음이라는 것을 다시 한번 마음에 새기는 계기가 되었다.

혹 종교개혁 500주년을 맞아 종교개혁지 탐방을 계획하고 있다면, 역자가 저지른 시행착오를 반복하지 않도록 본서가 여행 계획을 짜는 데서부터 실제 뜻깊은 여행이 될 수 있도록 도울 수 있는 길잡이가 될 것이다. 뿐만 아니라 본서를 손 안에 두고 읽는다면 실제 종교개혁 역사 속으로 여행하는듯한 체험적인 즐거움을 누릴 수 있을 것이다.

　본서의 저자는 평신도이다. 그래서 내용이나 사용한 단어가 쉬워 읽는데 어렵지 않았다. 매 장마다 사진이 있어 분량으로도 부담스럽지 않다. 본서를 읽는 독자들이 쉽고 재미있게 읽기를 바라며 무엇보다 종교개혁 500주년의 깊은 의미를 되새기고 유일한 절대 권위인 성경으로 돌아가는 신앙 운동에 작은 도움이 될 수 있기를 바란다.

2017년 3월 31일

차례

추천사 1 (김용주 박사 • 분당두레교회 담임목사) _6
추천사 2 (임종구 목사 • 푸른초장교회 담임목사) _11
추천사 3 (요헨 뵐 • 개신교 루터파 작센 주 영방교회 주교) _14
추천사 4 (일제 융커만 • 개신교 중부독일 영방교회 주교) _16
저자 서문 _18
역자 서문 _23

알텐부르그 – 슈팔라틴의 도시(ALTENBURG, SPALATIN-STADT) ● *32*

1. 알텐부르그: 수도원 부속교회 성 마리엔(Altenburg: Stiftskirche St. Marien) _38
2. 알텐슈타인: 궁성(Altenstein: Das Schloss) _40
3. 아른슈타트: 바흐 동상(Arnstadt: Bach-Denkmal) _42
4. 바드 프랑켄하우젠: 파노라마 박물관(Bad Frankenhausen: Das Panorama Museum) _44
5. 바드 잘쭝엔: 후젠교회 폐허 유적지(Bad Salzungen: Ruine der Husen Kirche) _46
6. 베르카/베라: 가스트호프 알터 스테른(Werka/Wera: Gasthof Alter Stern) _48
7. 베른부르그: 마리엔교회(Bernburg Marienkirche) _50
8. 비터펠드: 시교회(Bitterfeld: Stadtkirche) _52
9. 보르나: 시교회 성 마리엔(Borna: Stadtkirche St. Marien) _54
10. 보르나: 엠마우스교회(Borna: Emmauskirche) _56
11. 브레나: 성 야코부스교회(Brehna: St. Jakobus Kirche) _58
12. 콜디츠: 궁성(Colditz: Schloss) _60
13. 코스빅: 성 니콜라이교회(Coswig: St. Nicolai Kirche) _62

14. 크로이쯔부르그: 성 니콜라이교회(Creuzburg: Nicolaikirche) _64
15. 크리미츠샤우: 프랑켄하우젠수도원(Crimmitschau: Kloster Frankenhausen) _66
16. 크리미츠샤우 라우렌티우스교회(Crimmitschau: Laurentiuskirche) _68
17. 데사우: 요한바우(Dessau: Johannbau) _70
18. 데사우: 성 요하니스교회(Dessau: St. Johannis Kirche) _72
19. 되벨른: 성 니콜라이교회(Döbeln: St. Nicolai-Kirche) _74
20. 아일렌부르그: 마리엔교회(Eilenburg: Marienkirche) _76

아이제나흐 – 바르트부르그의 도시(EISENACH, DIE WARTBURG-STADT) ● 78

21. 아이제나흐: 바흐하우스(Eisenach: Bachhaus) _84
22. 아이제나흐: 게오르겐교회(Eisenach: Georgenkirche) _86
23. 아이제나흐: 바르트부르그(Eisenach: Wartburg) _88
24. 아이제나흐: 루터의 바르트부르그(Eisenach: Luthers Wartburg) _90

아이스레벤 – 루터의 도시(EISLEBEN, DIE LUTHER-STADT) ● 92

25. 아이스레벤: 성 안드레아스교회(Eisleben: St. Andreaskirche) _98
26. 아이스레벤: 루터 상가(Eisleben: Sterbehaus) _100
27. 아이스레벤: 성 페트리-파울리 교회(Eisleben: St. Petri-Pauli-Kirche) _102
28. 에어푸어트: 어거스틴수도원(Erfurt: Augustinerkloster) _104
29. 에어푸어트: 회당(Erfurt: Synagoge) _106

차례 ▶▶

30. 에어푸어트: 대성당(Erfurt: Dom) _108
31. 게오르겐탈: 치스터친저수도원 폐허 유적지(Georgenthal: Ruine des Zisterzinserklosters) _110
32. 그난드슈타인: 성곽(Gnandstein: Burg) _112
33. 고타: 어거스틴수도원(Gotha: Augustinerkloster) _114
34. 고타: 궁성 프리덴슈타인(Gotha: Schloss Friedenstein) _116
35. 그래펜하이니헨: 파울-게르하르트 예배당(Gräfenhainichen: Paul-Gerhardt-Kapelle) _118
36. 그림마: 크라이스박물관(Grimma: Kreismuseum) _120
37. 그림마: 수도원교회 성 어거스틴(Grimma: Klosterkirche St. Augustin) _122
38. 할레: 프랑케 장학재단(Halle: Franckesche Stiftungen) _124
39. 할레: 광장교회(Halle: Marktkirche) _126
40. 할레: 모리츠부르그(Halle: Moritzburg) _128
41. 예나: 시교회(Jena: Stadtkirche) _130
42. 켐베르그: 마리엔교회(Kemberg: Marienkirche) _132
43. 쾨텐: 요한-게오르그-바우(Köthen: Johann-Georg-Bau) _134
44. 쾨텐: 성 야곱(Köthen: St. Jakob) _136
45. 란즈베르그: 귀처교회(Landsberg: Gützer Kirche) _138

라이프치히 – 상업의 도시(LEIPZIG-DIE GESCHÄFTSSTADT) ● 140

46. 라이프치히: 니콜라이교회(Leipzig: Nikolaikirche) _146
47 라이프치히: 파울리눔(Leipzig: Paulinum) _148
48. 라이프치히: 튀링어 호프(Leipzig: Thüringer Hof) _150

49. 라이프치히: 플라이센 성곽(Leipzig: Pleissenburg) _152
50. 라이프치히: 토마스교회(Leipzig: Thomaskirche) _154
51. 라이징: 시청사(Leisnig: Stadthaus) _156
52. 뢰브니츠: 시교회(Löbnitz: Stadtkirche) _158

만스펠드 – 루터의 고향(MANSFELD, DIE HEIMATSTADT) ● *160*

53. 만스펠드: 루터 생가(Mansfeld: Elternhaus) _166
54. 만스펠드: 궁성 만스펠드(Mansfeld: Schloss Mansfeld) _168
55. 만스펠드: 성 게오르그(Mansfeld: St. Georg) _170
56. 뫼라: 루터의 뿌리(Möhra: Lutherstammort) _172
57. 뮐하우젠: 코른마크트교회(Mühlhausen: Kornmarktkirche) _174
58. 노이키어리치쉬: 기념상(Neukieritzsch: Denkmal) _176
59. 그림마: 님브쉔수도원(Grimma: Nimbschen Kloster) _178

노드하우젠 – 한자 동맹의 도시(NORDHAUSEN, DIE HANSE-STADT) ● *180*

60. 노드하우젠: 성 페트리(Nordhausen: St. Petri) _186
61. 노드하우젠: 성 블라시이교회(Nordhausen: St. Blasii-Kirche) _188
62. 페터스베르그: 수도원과 교회(Petersberg: Kloster und Kirche) _190
63. 로흐리츠: 기념 동상(Rochlitz: Denkmal) _192
64. 로흐리츠: 궁성(Rochlitz: Schloss) _194

차례 ▶▶▶

65. 잘펠트: 시교회 성 요하니스(Saalfeld: Stadtkirche St. Johannis) _196
66. 쉴다우: 마리엔교회(Schildau: Marienkirche) _198
67. 슈말칼덴: 루터하우스(Schmalkalden: Lutherhaus) _200
68. 지첸로다: 성 마리아(Sitzenroda: St. Maria) _202
69. 슈텍바이: 성 니콜라이교회(Steckby: St. Nicolaikirche) _204
70. 슈톨베르그: 토마스-뮌처 동상(Stolberg: Thomas-Müntzer Denkmal) _206
71. 슈톨베르그: 마티니교회(Stolberg: Martinikirche) _208
72. 슈토턴하임: 들판(Stotternheim: Wiese) _210
73. 쥐프티츠: 교구교회 성 마리엔(Süptiz: Pfarrkirche St. Marien) _212

토르가우 - 종교개혁의 산실(TORGAU, DIE AMME DER REFORMATION) ● 214

74. 토르가우: 알탁스교회(Torgau: Alltagskirche) _220
75. 토르가우: 카타리나-루터의 방(Torgau: Katharina-Luther-Stube) _222
76. 토르가우: 궁성교회(Torgau: Schlosskirche) _224
77. 트렙센: 시교구교회(Trebsen: Stadtpfarrkirche) _226
78. 운터리스도르프: 칼테 슈텔레(Unterrissdorf: Kalte Stelle) _228
79. 발드하임: 수도원교회(Waldheim: Klosterkirche) _230
80. 바이마르: 시교회 성 페터와 파울(Weimar: Stadtkirche St. Peter und Paul) _232
81. 베틴: 성 니콜라이(Wettin: St. Nicolai) _234

비텐베르그 - 종교개혁의 어머니(WITTENBERG, DIE MUTTER DER REFORMATION) ● _236

82. 비텐베르그: 멜란히톤하우스(Wittenberg: Melanchthonhaus) _242
83. 비텐베르그: 유댄자우릴리프(Wittenberg: Judensaurelief) _244
84. 비텐베르그: 크라나흐-호프(Wittenberg: Cranach-Hof) _246
85. 비텐베르그: 루터하우스(Wittenberg: Lutherhaus) _248
86. 비텐베르그: 궁성교회(Wittenberg: Schlosskirche) _250
87. 볼스도르프: 순례자 숙소(Wohlsdorf: Pilgerherberge) _252
88. 볼켄부르그: 성 마우리티우스교회(Wolkenburg: St. Mauritiuskirche) _254
89. 뵐리츠: 성 페트리교회(Wörlitz: St. Petri-Kirche) _256
90. 부어쩬: 돔 성 마리엔(Wurzen: Dom St. Marien) _258
91. 짜이츠: 미샤엘리스교회(Zeitz: Michaeliskirche) _260
92. 체업스트: 프란시스세움(Zerbst: Francisceum) _262
93. 체업스트: 니콜라이교회(Zerbst: Nicolaikirche) _264
94. 체업스트: 성 바돌로매(Zerbst: St. Bartholomäi) _266
95. 쯔빅카우: 시청사(Zwickau: Rathaus) _268

부록: 책에 명시된 지역 도시들의 위치 _270

알텐부르그
"슈팔라틴"의 도시

게오르그

부카르트(Georg Burkhardt)는 아버지가 누군지 모르는 사생아로 1484년 1월 17일 프랑켄 지역의 작은 시골 마을인 슈팔트(Spalt)에서 태어났다. 그의 태생은 참 보잘 것 없었다. 그러나 그는 영민하여 자신의 성을 그 당시 관례에 따라 고향 마을의 이름을 따서 슈팔트 사람, 즉 슈팔라틴(Spalatin)으로 개명했다. 슈팔라틴은 신학을 공부하였으며 1503년에 비텐베르그(Wittenberg)대학교에서 석사 학위를 받았고 1507년에 사제가 되었다.

슈팔라틴이 토르가우(Torgau)에서 선제후 궁 왕자의 스승이 되어 훗날 현자라 불리는 작센의 선제후 프리드리히 3세의 신임을 얻은 것은 그의 인생에 결정적인 사건이었다. 전해지는 말에 의하면 그는 가장 유능한 선생은 아니었지만 가장 유능한 조력자이자 영적인 조언자, 궁정 설교자였다고 한다. 그는 비텐베르그에서 루터를 만났고, 그들은 친구가 되었다.

종교개혁가 루터와 선제후와는 개인적 친분이 없었기 때문에 역사는 슈팔라틴이 루터와 현자 프리드리히 3세 사이의 가교 역할을 하였다고 밝히고 있다.

외교가 슈팔라틴은 루터를 발굴해냄으로 세계 역사를 움직였다. 그

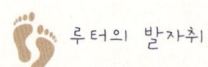

는 당시 모든 중요한 독일 의회와 왕족들의 모임에 참석하였으므로 정치적인 흐름을 신속하게 파악하고 있었다. 1521년 루터가 보름스(Worms)에서 열렸던 회의장에 나타났다가 바르트부르그(Wartburg)에 은신하게 된 것은 슈팔라틴의 작품이었다.

프리드리히 3세 현자의 죽음 이후에 슈팔라틴은 자신의 직위를 잃게 된다. 이때 그의 친구 루터는 지금까지 자신을 지지해준 슈팔라틴에 대한 보답으로 1525년에 그를 알텐부르그(Altenburg) 시의 사제로 천거하였다. 슈팔라틴은 알텐부르그에서 종교개혁의 구상을 실천에 옮길 결심을 하고, 당시의 알텐부르그 시의 조직을 완전히 개편하기 시작했다. 수도원을 없애고, 보건, 교육, 그리고 복지까지 새롭게 근대적으로 바꾸는 혁신적인 개혁을 단행했다.

슈팔라틴은 일시적인 감동은 단기적인 동기를 부여하는 데 그칠 뿐이라는 사실을 알았다. 그 다음으로 스스로 삶을 개선시켜나가는 노력이 반드시 뒤따라야 한다고 생각했다. 따라서 그는 교회내의 조직과 영적인 질서를 재검토하고 개선시켰으며 1527년에서 1542년까지 점차적으로 지역 교회들의 조직을 새롭게 만들어나갔다. 그는 루터와 정기적으로 서신 교환을 하였고, 종종 직접 만나기도 하였다. 그는 자신의 영향력을 다음과 같이 실감나게 표현했다.

"만약 내가 없었더라면 루터의 종교개혁과 그의 이론은 여기까지 오지 못했을 것이다."

슈팔라틴은 뛰어난 종교개혁가요, 실천가였지만 마지막 여생에 우울증을 앓게 되었다. 개혁을 실천에 옮긴다는 것은 너무 큰 스트레스였을 것이다. 1545년에 개혁의 키를 잡았던 슈팔라틴은 알텐부르그에서 소천했고 바돌로매교회(Bartholomäikirche)에 안치되었다.

그의 일생에 가장 중요한 사람으로는 1525년 11월 19일 알텐부르그 바돌로매교회에서 결혼한 그의 아내 카타리나 슈팔라틴(Katharina Spalatin)이었다. 카타리나 슈팔라틴은 안주인으로서 두 딸 양육과 큰 집안 살림, 6헥타르 농경지, 두 개의 과수원, 7마리 소, 14마리 돼지, 한 해 1,800리터 맥주를 생산해내는 주조 공장을 운영하였으며, 거기에다 연중 많은 손님들까지 모두 그녀의 몫이었다. 슈팔라틴은 이런 그녀를 항상 놀라워하였다고 한다.

알텐부르그에 있는 슈팔라틴-루터 유적지 ▶▶▶

◆ 1905년 지어진 형제교회(Brüderkirche)는 13세기 프란체스코수도원 교회 터 위에 지어졌다. 수도원은 1529년에 해체되었고 수도원 건물은 학교 건물로 사용되어지고 있다.

◆ 르네상스-시청사(Renaissance-Rathaus)는 토르가우에서 첫 프로테스탄트교회인 궁성예배당을 지은 작센 출신 건축가 니콜라우스 그로만(Nicolas Grohmann)이 지었다. 이 건축물은 종교개혁과 르네상스를 균등하게 표현한 작품이라고 평가받는다.

◆ 니콜라이교회(Nikolaikirche)는 종교개혁의 희생양이 되었다. 1528년에 문을 닫았고 그 후 건물 자체도 해체되어서 지금은 교회 종탑만 남아있다. 이 종탑 위에서 한 눈에 내려다보이는 도시 풍경은 정말 아름답다.

◆ 어거스틴-코어헤렌슈티프트(Augustiner-Chorherrenstift)는 일명 '붉은 벽돌 첨탑'으로 불리며 독일 국가 지정 문화재로 도시의 외형과 어우러져 매우 아름답다. 마지막으로 가장 오래된 시교회 성 바돌로매(Stadtkirche St. Batholomäi)가 있다.

1 알텐부르그: 수도원 부속교회 성 마리엔
붉은 첨탑이 시원스럽게 하늘 위로 솟아있는 곳

성 마리엔수도원 부속교회의 뾰족한 붉은 탑은 알텐부르그(Altenburg) 시의 도시 외관을 대표한다. 프리드리히 바바로사 황제(Kaiser Friedrich Barbarossa)는 황제의 힘의 상징으로 먼저 웅장해 보이는 수도원 건축물들을 세우기 시작했는데, 이 시기에 이탈리아 출신인 사제들이 슈타우퍼 왕조의 낭만주의(Staufischen Romantik) 표본이라 할 수 있는 성 마리엔수도원 부속교회를 세웠다. 전해오는 말에 의하면 붉은 색 벽돌로 된 종탑은 황제 바바로사의 수염을 본뜬 것이라고 한다.

종교개혁시대에는 짜이츠-나움부르그(Zeitz-Naumburg)의 사제들이 전권을 가지고 있었다. 다시 말하면 그들은 아주 엄청난 특권들을 누리고 있었던 것이다. 모든 세금과 공과금 면제, 치외 법권. 이것은 그들에게 미래를 보장하는 대로를 의미했다. 그들은 아무런 노력 없이 돈을 긁어모았다. 일반 민중들의 눈에는 허랑방탕하고 사치스러운 사제들이 사회를 좀먹는 기생충들로 보였다. 이런 삶은 결국 1521년에 사제들과 수도원 사회에 대한 민중 항거를 낳게 되었다. 1522년, 호화로움과 방탕함에 빠진 사제들의 삶에 신물이 난 시민들은 드디어 이들에게 등을 돌리고 선제후와 루터에게 새로운 개혁적 설교자를 세워달라고 호소하기에 이른다. 루터는 개인적으로 1522년 4월 22일에 형제교회(Brüderkirche)에서 공개적으로 설교를 했다.

이로부터 두 달 뒤 6월 26일에 벤쩨스라우스 린크(Wenzeslaus Linck)가 알텐부르그의 개신교 설교자로 임명된다. 루터 자신은 한 번도 성마리엔교회(St. Marienkirche)에서 설교를 한 적은 없다. 1543년에 붉은 첨탑 수도원(Rote-spitzen-Kloster)은 해체되었고 1665년에는 그 건물에 학교가 들어왔으며, 20년 후에는 종탑의 용도가 변경되어 무려 200년 동안 감옥으로 사용되었다. 17세기에는 교회 강당을 고쳐서 과부와 고아를 돌보는 사회복지 시설로 사용했다.

오늘날의 모습을 갖추게 된 것은 19세기 즈음이다. 90년대 말 즈음부터 주위에 많은 집들이 건설되었고 이로 인해 교회 건물로 들어가는 진입로조차 찾기 어렵게 되었다. 고고학자들은 이 건축물에 아직도 몇 가지 비밀들이 숨겨져 있다고 추측한다. 이로 인해 붉은 벽돌 첨탑은 더 흥미로울 뿐 아니라 알텐부르그의 상징물로 자리 매김하고 있다.

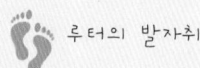

길게 뻗어 있는 시장 광장은 그냥 못보고 지나칠 수 없다. 광장 중앙에 시청사가 서 있다. 광장 끝자락에 형제교회가 있고 다른 편 끝쪽에는 "붉은 첨탑"을 볼 수 있다. 산 쪽으로 난 오솔길을 따라 걸어 올라가면 시 전체가 보이는 아름다운 풍광을 즐길 수 있다.

1523

1월 28일에 벤쩨스라우스 링크는 첫 개신교 교역자로 알텐부르그에서 사역을 시작했다. 그는 성 바돌로매교회에서 설교했다.

2 알텐슈타인: 궁성
루터가 안전하게 피신한 곳

어떻게 일이 진행되었는지 그날 밤 거기 서 있던 너도밤나무만이 증인이다. 1521년 4월 26일에 마틴 루터는 보름스 의회의 심문을 받고 돌아가는 길이었다. 루터는 신변 보호를 요청하였다. 그의 친구 슈팔라틴이 루터의 영적인 보호자였을 것으로 추정된다. 루터는 그후 무대에서 잠시 살아져서 정치적인 상황을 지켜봐야 했다. 프리드리히 현자도 이에 찬성하였다. 그의 은신처는 바르트부르그(Wartburg)로 정해졌다.

1521년 5월 4일 오후, 루터는 뫼라(Möhra)와 슈바이나(Schweina)를 지나오는 길에 알텐슈타인(Altenstein) 근처에 있는 너도밤나무에 이르렀다. 이때 그의 앞에 바르트부르그의 궁성장 한스 폰 벨레프쉬(Hans von Berlepsch)와 알텐슈타인의 기사 부크하르드 훈트(Burkhard Hund)가 나타났다. 그들은 루터에게 사제복을 벗게 하고 기사 옷으로 변장시켜 바르트부르그(Wartburg)로 데려갔다. 루터를 납치한 부크하르드의 자취를 따라 더듬어 가면 알텐슈타인 궁성이 있는 같은 이름의 공원에 이르게 된다. 1492년에 한스 훈트 폰 벤켈하임(Hans Hund von Wenkheim)은 선제후 프리드리히 폰 작센으로부터 알텐슈타인을 세습할 수 있는 봉토로 얻게 되었다.

우리가 오늘날 보는 이 궁성은 실제로 건축 당시의 모습은 아니다. 1736년에 바로크 양식으로 개축되었고, 1888년에는 공작 게오르그(Herzog Georg) 2세 때 다시 한 번 완전히 새롭게 재건축되어서 오늘날에 이른다. 멀리서 보면 성의 전면이 매우 인상적이다. 그러나 가까이 가서 보면 많은 곳에 보수 공사가 필요하다는 것을 알게 된다. 작곡가 요하네스 브라함스(Johannes Brahams)가 자주 손님으로 머물렀다고 한다.

더욱 인상적인 것은 궁성의 공원 설계이다. 공원 조형을 위해 19세기의 유명한 공원설계디자이너인 헤르만 폰 클러-무지카우 백작(Fürst Hermann von Pückler-Muskau), 칼 에듀아르드 페츠올드(Carl Eduard Petzold) 그리고 피터 요셉 레니(Peter Joseph Lennie)가 같이 설계했다고 한다.

궁성과 공원 설계는 루터 이후의 시대에 이루어진 것이지만, 궁성에서 볼 수 있는 아름다운 경치는 아주 오래 전 그대로라서 루터도 아마 한 번쯤 즐겼을 것이다.

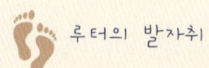

룰라(Ruhla)*에 있는 알텐슈타인 거리를 따라가면 바로 이 공원에 도착한다. 궁성 건물은 오늘날 TÜV 아카데미** 튀링엔으로 사용되고 있다. 이외에 건물 안에는 작은 박물관이 갖추어져 있다.

* 튀링엔 주의 서쪽에 있는 도시로 아이제나흐와 슈말칼덴 사이에 위치한 광산 도시-역주.
** 우리나라 평생교육원에 해당하는 독일 교육기관-역주.

1492
선제후 프리드리히 폰 작센은 기사 한스 훈트 폰 벤켈하임에게 알텐슈타인 성곽과 토지를 세습 가능한 봉토로 하사했다.

아른슈타트: 바흐 동상
바흐가 방황하는 시절을 보내던 곳

루터는 아직 어린 사제였을 때 프란체스코수도회((Franziskanern)가 있던 아른스타트(Arnstadt)에서 머물렀던 이야기를 자주 하곤 했다. 그는 여기에서 아주 진보적인 프란체스코수도회 수도사 헨리쿠스 퀸(Henrikus Kühn)을 알게 되었다. 헨리쿠스 퀸은 대성당에서 이루어지는 설교 중에 이렇게 말했다.

"우리 같은 젊은 사제들은 이런 성스러운 수도사 생활에 대한 설교에 대해 비아냥거리고 코웃음을 치지."

젊은 루터에게는 새로운 충격이었다. 루터는 이후 더 자주 아른슈타트를 방문했고, 1516년 3월 15일에 아른슈타트 수도원들의 주교 총대리인 슈타우피츠(Staupitz)를 만나게 되었다. 1531년, 아른슈타트에도 종교개혁이 이루어지기 시작했다. 수도원은 그다음 해에 사유화되어 사회로 환원되었다. 슈말칼덴(Schmalkalden)으로 가는 중에 루터는 1537년 2월 5일에서 6일로 넘어가는 밤을 아른슈타트에서 보내고 1540년에는 마지막으로 당시 그의 병든 친구인 필립 멜란히톤(Philipp Melanchthon)과 함께 이 도시에 머물렀다. 1553년에 공작들이 머물던 나이덱 궁성(Schloss Neideck)에 개축 공사가 시작 되었고, 맨발로 다니는 수도사들의 수도원(Kirche des Barfüsserklosters)은 그때부터 대성당이자 시교회가 되었다.

이 교회에서 젊은 요한 세바스티안 바흐(Johann Sebastian Bach)가 첫 공식적인 오르간 연주자로 임명받았다(1703-1707). 그런데 이미 17세기에 바흐의 조상이 교회 음악가로 일을 했었고 바흐 이후에도 바흐 가문의 사람들이 이 도시에서 음악 분야에서 일을 하고 있었다. 따라서 아른슈타트를 바흐의 도시라고도 한다. 그러나 정작 요한 세바스티안 바흐는 단지 4년 정도 아른슈타트에서 일했다. 1705년에 바흐는 임의로 몇 주간 휴가를 내어 당시의 가장 유명한 오르간 연주자였던 디트리히 북스테후드(Dieterich Buxtehude)를 만나러 뤼벡(Lübeck)으로 가게 된다. 당시에 사람들은 "바흐가 불협화음으로 교회를 어지럽게 한다"라고 말했다. 그러나 오늘날은 그를 기리기위해서 시 중앙 광장(Marktplatz)에 동상까지 세워져 있다.

추가적인 정보: 루터와 바흐의 발자취를 찾으려면 대성당을 방문할 것. 그리고 나이덱 궁성도 잊지 말고 찾아볼 것. 1620년과 1633년에 바흐 가문의 선조부인 카스파 바흐가 나이덱 궁성의 성지기 겸 건물 관리인으로 살았다.

바흐 기념 동상이 광장에 서 있다. 나이덱 궁성은 반호프 거리(Bahnhofstrasse)와 담길(Dammweg) 방향으로 있는 궁성 정원에 자리 잡고 있다.

1531
아른슈타트에 종교개혁이 단행되었다. 수도원들은 그다음해에 사유화되었다. 이 지역의 특산물로는 1404년 처음으로 기록에 언급된 튀링엔 소시지(Bratwurst)와 1617년 문헌에 등장하는 바이쩬 맥주(Weizen Bier)가 있다.

바드 프랑켄하우젠: 파노라마 박물관
독일 농민들의 역사를 볼 수 있는 곳

이 도시의 상징물은 수직에서 벗어나 옆으로 기울어진 교회의 종탑이다. 1382년에 기독교 제염업자조합은 "산속의 사랑하는 여인"이라는 이름을 가진 고딕 양식의 바실리카를 세웠다. 1525년에 도시의 귀족들과 토마스 뮌처(Thomas Müntzer)와 제염업자들로 구성된 위원회가 열렸다. 그러나 이 위원회는 소금물로 인해 교회 아래 지반이 침식되고 있는 문제를 해결하지는 못한 것으로 보인다. 어쨌든 교회 탑은 피사의 탑처럼 수직 축에서 4.6미터 기울어져 있다.

파노라마 박물관(Das Panorama Museum)은 수많은 관광객들을 불러 모은다. 이 박물관은 도시의 위쪽에 있는 슐락흐트 산(Schlachtberg)* 중턱에 위치해 있는데, 원통 모양의 둥근 건물로 이곳에 있는 한 점의 그림으로 유명해진 박물관이다. 그 그림의 이름은 "초기 시민혁명"(Frühbürgerlichen Revolution)인데, 1,722제곱미터 크기 위에 16세기 중반 독일에 있었던 근대 농민 봉기(동독 시절 많이 언급되었던)의 다양한 역사 속 장면과 함께 3,000명의 사람이 그려져 있다. 라이프치히 출신의 화가 베르너 튜브케(Werner Tübke)가 1976년에서 1987년까지 그림을 그려 완성했다. 그림을 그린 이유는 당시 동독 정부에서 그에게 기념비적인 예술 작품으로 시대 풍속화를 그려 달라고 요청한 것이 계기가 되었다. 그림을 그린 면만으로 14미터 높이에 120미터 둘레로 전례가 없는 규모이다. 거기에다 한 시대의 시대상을 가능한 한 가장 믿을만하고 설득력 있게 그려달라는 것이 동독정부의 요구였다.

결과적으로 당시 동독 정부의 이러한 요구를 베르너가 그린 이 그림이 모두 충족시켰는지 알 수는 없다. 이 작품은 바드 프랑켄하우젠의 위쪽 지역에 위치한 역사적인 장소에 걸려 있다. 그림에는 농민 전쟁의 최고점을 찍은 튀링엔 농민들의 봉기가 살아있는 듯이 담겨져 있다. 이 그림은 동독 시절 사회주의 선구자로 추앙 되었던 토마스 뮌처에게 헌정되었다. 파노라마 박물관은 개관 이래 수많은 관광객들을 불러 모으고 있다. 종교개혁의 시대를 조명하고 있는 기념비적인 이 그림을 보기 위해 이곳을 찾은 관광객들은 시간을 들여 그림을 꼼꼼히 살펴보고 시대를 탐구한다.

* "Schlacht"는 전투라는 뜻으로 이 산에서 독일 농민 전쟁의 승패를 가르는 전투가 벌어졌으며 이 전투에서 토마스 뮌처가 잡히고 농민 봉기가 실패로 끝이 났다-역주.

 루터의 발자취

파노라마 박물관은 바드 프랑켄하우젠 시의 위쪽 지역(Schlachtberg 9)에 위치해 있다. 방문객들은 반드시 30분 정도 걸리는 문화해설사의 설명을 들을 것을 추천한다.

1987
10월 16일에 화가 베르너는 완성된 그림을 동독 정부에 제출했다. 그는 이 작품을 10년 이상 걸려 완성하였다.

5 바드 잘쭝엔: 후젠교회 폐허 유적지
루터의 부모가 결혼한 곳

역사에는 어두운 뒷면이 있기 마련이다. 후젠교회(Husen Kirche)는 오늘날 폐허로 남아있고 주위는 묘지로 둘러싸여 있다. 문헌 기록에는 교회의 초석이 놓인 시기가 상당히 다양하게 나타난다. 석조 건물인 후젠교회는 1101년에서 1161년 사이에 지어진 것으로 추정이 된다. 역사적인 기록에서 처음으로 후젠교회를 언급한 연도는 1258년이다. 교회가 있던 장소는 원래 신전이 있었던 것으로 보이는데, 잘쭝엔(Salzungen)의 중앙 광장에 775년 정도에 세워진 목조건축물이 있다.

후젠교회에서 500미터 체 떨어져있지 않은 곳에 이 골짜기에서 가장 많은 인구가 모여 사는 시골 마을 잘쭝엔이 있다. 나중에 잘쭝엔은 큰 도시로 발전하고 후젠교회는 잘쭝엔의 시교회가 된다. 회자되기는 이 교회에서 마틴 루터의 부모인 한스 루터(Hans Luder)와 마가렛 린데만(Margarethe Lindemann)이 1479년이나 1480년에 결혼식을 올린 것으로 알려져 있으나 검증된 것은 아니다. 그리고 결혼한 연도 또한 확실한 것이 아니다. 단지 1483년 전이라는 것은 확실하다. 1500년 정도에 후젠교회는 후기 고딕 양식으로 개축되었다. 그러나 이 노력은 허사가 되었는데, 이유인 즉 당시 작센의 봉건영주 요한(Johann)의 명령 하에 후센의 교구가 심플리키우스교회(Simpliciuskirche)와 합치게 된 후로 후젠교회는 시교회로서의 기능을 잃고 묘지교회로 남게 되었다.

제2차 세계 대전 당시 교회는 완전히 부셔져버렸다. 1945년 3월 31일, 바드 잘쭝엔(Bad Salzungen)에 연합군의 마지막 공습으로 도시 서쪽 산업지대에 폭탄이 투하되었다. 이때 근처에 정차되어 있던 탄약을 싣고 있던 기차에 폭탄이 떨어지면서 그 폭발 위력이 너무나 커 후젠교회의 천장이 내려앉을 정도였다. 그 피해가 너무 심해서 당시 동독 정부가 재건축을 포기할 정도였다고 한다. 그후 폐허로 남은 교회의 잔해는 역사의 경고 기념물로 남게 되었다. 붕괴의 위험이 있어서 이곳에는 사람이 들어 갈 수 없도록 폐쇄되어 있다. 이 건물에 가능한 안전장치와 조치가 이루어져야만 한다. 그러나 세월과 함께 바람과 비가 남은 잔해마저 더욱더 황폐화시키고 있다.

바드 잘쯩엔은 독일 중심부에 있는 녹지 도시 중 하나로 소금 농도가 높은 바다가 있는 곳이다. 이곳은 요양하거나 휴가를 보내기도 좋고 도시 전체 관람을 하며 도시 탐방을 하기에도 적당하다. 후젠교회의 잔해는 베라(Werra) 강과 나란히 뻗어 있는 라임바흐 거리(Leimbach Strasse)에 있는 묘지 안에 있다.

약 1479/80
루터의 부모가 이 교회에서 결혼식을 올린 것으로 추정된다.

6 베르카/베라: 가스트호프* 알터 슈테른
루터가 여행 중 잠시 머물며 쉬어갔던 곳

날짜가 정확하게 기록 되어 남아있다. 1521년 5월 2일에 마틴 루터는 바드 헤얼스펠드에서 게스트하우스 "알터 스테른"(Gasthof "Alter Stern")에 들르러 튀링엔 땅을 밟게 되었다. 여기까지는 헤얼스펠드(Hersfeld) 수도원장 크라토(Krato)가 루터에게 사람들을 동행시켜 신변을 보호하도록 하였다. 이곳에 도착하자 루터를 동행했던 사람들은 떠났다. 이유는 이곳이 훨씬 안전한 곳으로 판단되었기 때문이었다.

이 게스트하우스는 오늘날까지 남아있다. 주춧돌 위에 가파른 경사가 진 지붕을 이고 있는 골조 단층 건물이다. 게스트하우스 "알터 스테른"은 1764년까지 남아 있었다. 그 이후로 새로 지어진 "골드 슈테른"이라는 건물이 게스트하우스로 사용되었다. 18세기에는 이 목조 건물이 헤센의 관청으로 사용되기도 하였다. 비스듬히 길 건너편에는 망루가 있는 자그마한 시골교회인 성 라우렌티우스(St. Laurentius)교회가 서 있다. 원래는 교회 주위의 성곽은 성벽과 망루들로 둘러싸여 있었다고 한다. 이곳 베르카(Berka)에 도로가 건설되면서 방어벽이었던 성벽과 외곽 망루들이 철거되었다. 루터 당시에만 해도 이 망루를 볼 수 있었다. 1439년 당시에 망루의 아랫부분은 4각형, 꼭대기 탑은 8각형 모양으로 지어졌다. 르네상스식 측면 예배당은 1616년경에 지어진 것으로 전해진다. 채색되어 있는 반 원통 모양의 목조 지붕이 인상적이다.

독일 농민 봉기 때 베르카 지역이 중요한 역할을 했다. 이 지역과 주위 근방에 특히 급진적인 농민들이 많이 거주하고 있었다. 그러나 농민 봉기는 성공하지 못했다. 1527년에 헤센의 봉건영주 필립 백작이 이 지역을 차지하게 되었다. 아이제나흐(Eisenach)에서는 농민 봉기의 주도자들이 처형을 당했는데, 그중에는 베르카 출신의 농민인 야콥 퇴퍼(Jakob Töper)도 있었다. 베르카 시민들에게도 농민 봉기는 흔적 없이 그냥 지나가지 않았다. 그들은 엄청난 벌금을 물게 되었고 이로 인하여 어쩔 수 없이 개혁에 동참하게 되었다.

마틴 루터는 이 지역을 방문한 유명 인사 중의 한 사람에 지나지 않는데, 이유는 왕들과 제후들도 이곳에서 잠시 머물렀으며 1806년과 1813년 사이에는 나폴레옹도 다녀갔다고 한다. 1813년에 나폴레옹은 도주 중에 게스트하우스 "쥬어 포스트"(Zur Post)에서 점심을 먹었다고 한다.

* Gasthof. 영어로는 "guest house"로 본문에는 이해를 돕기 위하여 게스트하우스로 대체하였다-역주

 루터의 발자취

베르카에서 루터 거리(Lutherstrasse)는 왼쪽으로 나 있고 오른쪽은 교회로 가는 키르히 거리(Kirchstrasse)가 있다. 길의 왼쪽으로는 목조 건물이 있다. 고속도로 A4 혹은 E40에서 라이셀도르퍼 거리(Reicheldorfer-Strasse)로 들어오면 우리가 원하는 이곳으로 바로 연결된다.

1521
5월 2일에 루터는 베르카에 잠시 휴식을 하러 들렀고 게스트하우스 알터 슈테른에서 묵었다.

7 베른부르그: 마리엔교회
마리아가 대모가 된 곳

이름이 역사를 말한다. 이 교회는 동정녀 마리아에게 헌정되었다. 마리엔교회라는 이름 외에도 여러 가지 다른 이름들이 있는데, "구시교회"(Altstädter Kirche), "시교회"(Stadtkirche), "안할트-베른부르그 주교좌 성당"(Kathedralkirche von Anhalt-Bernburg), "베른부르그의 사랑하는 여인 교회"(Unse lewe Fruwen Kerke to Berneborch) 등이 있다.

교회의 이름에서 이미 이 교회가 시의 역사에서 중요한 역할을 담당했다는 것을 유추해 볼 수 있다. 마리엔교회에서 1526년에 종교개혁이 선포되었다. 당시 봉건영주 볼프강(Wofgang)은 회심하였고 그의 부하와 추종자들은 그를 따르기로 결심했다. 마리엔교회에서 최초로 개신교 만찬이 이루어졌다. 이것이 계기가 되어 교회의 모든 시설이 개신교식으로 바뀌게 되었다. 1533년에는 나무로 된 강대상이 들어왔고 화려한 큰 발코니들은 축소되었으며 새 오르간이 들어왔다. 교회 강대상은 강당의 중앙에 세워져서 설교 말씀이 교회의 중심에 있게 되었다. 많은 신자들이 교회로 몰려들었으며, 예배는 항상 만원으로 채워졌다.

약 1600년쯤에 그 교회는 루터파(Luthertum)에서 칼빈주의(Calvinimus)로 교체되었다. 칼빈파는 소박함과 검소함을 교회로 옮겨놓았고, 5개의 제단과 오르간과 다른 교회 집기류들을 해체시키게 되었다. 1820년 신앙고백도 새롭게 바뀌게 되었다.

이렇듯 교회는 많은 역사적인 시련을 겪었는데 특히 어려웠던 시기는 동독 시절이었다. 기독교와 그와 관련된 건축물들은 동독 시절 사회의 가장자리로 밀려나게 되었다. 교회 연합 기구가 있었음에도 불구하고 베른부르그(Bernburg)시에는 신자수가 750명을 넘지 못했다. 그러나 마리엔교회는 예나 지금이나 이 도시를 대표하는 상징물임에는 틀림이 없다. 이 교회는 시공간을 초월하여 오늘날도 "도전"이라는 정신을 대표하고 있다.

교회 종탑에 뿐 아니라 중세시대 건축물 꼭대기에는 틸 오일렌 슈피겔(Till Eulenspiegel)이라는 구전으로 내려오는 가상의 인물이 종지기로 살았다고 한다. 그의 일은 시계를 맞추고 종을 치는 것이었는데 새벽 4시, 오전 11시, 저녁 8시에 맞추어서 했다고 한다. 약 150개의 계단을 통해 종탑 위로 올라가면 시 전체와 성까지 한 눈에 들어오는 광경을 즐길 수 있다.

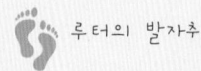

마리엔교회는 브라이튼 거리(Reiten Strasse)에 서 있다. 베른부르그는 유네스코가 지정한 세계문화유산도시이다. 박물관, 궁성 테라스를 갖춘 르네상스 궁성(Renaissanceschloss)과 안드레아스-균터-길(Andreas-Günther-Weg)과 파노라마-궁성둘레길(Panorama-Schlossrundweg)은 반드시 볼만한 곳이다.

1526
베른부르그에 종교개혁이 선포되었다. 당시 마리엔교회에서 최초의 개신교 만찬이 이루어졌다.

8 비터펠드: 시교회
오래된 합창만 남아 있는 곳

비터펠드(Stadtkirche)하면 환경오염을 같이 떠올리는 사람들이 많다. 그러나 오늘날은 정반대이다. 현대적이며 깨끗하고 정돈되어져 있다. 루터에게 비터펠드는 중간역(驛)으로 하룻밤 묵어갈 수 있는 장소였다. 만스펠드(Mansfeldischen)에서 광부들이 봉기를 일으키려고 할 때 루터가 소환되었다. 루터는 멜란히톤과 함께 1525년 4월 16일 부활절 주일 길을 나섰고 처음 쉬어 간 곳이 비터펠드였다.

1531년에 처음으로 이곳에서 개신교 교회 시찰이 이루어졌다. 종교개혁이 일어났고 비터펠드는 종교개혁의 중요한 요지가 되었다. 개혁의 결과로 교구의 규칙이 새로워졌고, 학교 교육의 시스템도 달라졌다.

1546년 1월 23일에 루터는 새롭게 비터펠드를 방문했고 이때에는 그의 세 아들과 가정교사들과 함께 와서 며칠을 지내고 갔다.

약 1달 후 2월 18일에 루터는 소천하게 된다. 루터의 시신을 비텐베르그로 옮기기 위하여 벌어진 행사 날인 1546년 2월 21일에 비터펠드에서도 추모 행렬이 이루어졌다. 그 날 정오에 개혁자 루터의 시신은 교회에서 입관되었다.

시교회의 이름은 성 안토니우스교회(St. Antonius-Kirche)이다. 오늘날 남아있는 교회 건물은 그 당시의 건물이 아니고 20세기에 지어진 건축물이다. 새 건물이 옛날 건물보다 커서 교회 터가 좁아 한 두 집정도 철거하고 지어야만 했다. 교회를 건축하기 위해 다른 집을 철거하는 것은 그 당시로는 가능했다. 구 교회 건물에서 그대로 남아 있는 것은 예배 합창단 소강당만이다. 이 소강당은 구 교회 건물에서는 성가대 옆에 있었고 새 교회 건물에서 보면 건물 가장 뒤쪽 끝에 있다. 이 소강당은 아마 루터시대에도 있었을 것으로 보이는데 현재 남아 있는 당시의 건축물로 루터와 연관시킬 수 있는 것으로 유일하다. 소강단의 특이한 점은 골조가 없는 거물형의 아치형 천장과 창문이다.

교회 건물 밖 광장은 시장이 열리는 광장으로 사용되어지고 있다. 튀링엔의 전통적인 것을 경험하고 싶으면 튀링엔 소시지(Bratwürst)를 먹어보면 된다. 1404년에 개발된 튀링엔 소시지는 먹을 때마다 맛있다. 루터 또한 이 튀링엔 소시지를 먹어봤을 것이다.

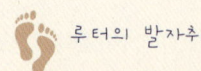

교회는 키르히 광장(Kirchplatz)에 자리 잡고 있으며 이 광장은 시장과 연결되어 있다. 친환경적인 산업 도시를 실현한 비터펠드의 랜드마크는 아치형 건축물인 비터펠더 보겐(Bitterfelder Bogen)이다. 28미터 높이의 아치형 건축물에서 내려다보는 비터펠드는 참으로 아름답다.

1531
최초의 개신교 교회 시찰이 이루어졌다. 종교개혁이 이루어졌고 비터펠드는 종교개혁 과정의 중요한 거점으로 역할을 다 했다.

9 보르나: 시교회 성 마리엔
루터가 자유에 대한 열망이 간절했던 곳

마틴 루터는 융커 요르그(Junker Jörg)라는 이름으로 보르나(Borna)에 종종 손님으로 머물렀다. 보르나는 루터에게 우호적인 에르네스-쿠어작센(ernestinisch-kursächsischen) 가문의 좁은 회랑 지대에 속했던 도시였으므로 마틴 루터가 자유롭게 활동 가능했던 곳이다. 작센 지방 중에 알버트 공작의 영역에 속하였던 인접 지역에서 루터를 수배하러 이곳을 수색 할 수는 없었다. 그렇지 않았다면 루터는 금방 체포되었을 것이다. 따라서 루터는 시교회 성 마리엔에서 "안전하게" 여러 번 설교를 할 수 있었다.

보르나에는 루터의 친구가 살고 있었는데, 그는 보르나에서는 이 친구 집에 머물렀다. 그의 친구는 작센에서 루터의 수행원 역할을 하였고 직업은 세금을 걷는 공무원으로 이름은 미샤엘 폰 데어 슈트라센(Michael von der Strassen)이었다. 미샤엘은 루터에게 시민들의 불만 특히 페가우어수도원(Pegauer Klosters)의 수도원장과 오래된 교회 신자들에 대한 부정부패를 토로했다. 수도원장은 교회생활의 모든 것을 책임지고 있었고 일시적으로는 전체 시민을 파문하기도 하였다. 1518년 보르나의 시민들은 개신교로 돌아서게 되었다. 루터는 1519년에 보르나로 개신교 설교자를 파송하게 되었다.

마틴 루터는 고집이 세기로 유명하다. 선제후 프리드리히 현자(Kurfürst Friedrich der Weise)는 루터가 대외적으로 자유롭게 활동하는 것을 안전상의 이유로 좋아하지 않았다. 그는 바르트부르그(Wartburg)가 루터에게 안전한 곳이라고 생각했다. 그러나 루터는 1522년에 바르트부르그를 떠나 당시 급진적인 소용돌이 속에 있는 비텐베르그를 돌아보기 위해 길을 떠났다. 보르나에서 루터는 진영을 꾸리고 그의 친구 미샤엘 집에 머물렀다. 고난 주간 첫 수요일인 1522년 3월 6일에 루터는 프리드리히 현자에게 자신이 왜 바르트부르그에만 더 이상 웅크리고 있을 수 없는지를 설명하고 이해를 구하는 편지를 썼다. 믿음으로 그는 자신을 하나님 앞에 부르심 받은 자로 세웠다. 믿음으로 그는 세상의 권력자가 줄 수 없는 신변의 안전과 보호를 받고 있다고 느꼈다.

루터는 자신을 옹호하는 영주와 제후들의 보호를 사양했다. 보르나 시민들이 루터의 신변을 책임졌고 그를 다음날 비텐베르그로 안전하게 보내주었다. 그때 루터가 프리드리히 현자에게 쓴 편지는 아주 중요한 역사기록물로 남아 있다.

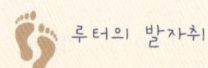

브라이트 거리(Breit Strasse)를 지나면 교회 광장이 나온다. 보르나는 양파-보르네(Zwibbel-Borne)라는 별명을 가지고 있다. 아마 이 곳에 예전에 양파가 많이 재배 되었던 것에서 나온 별명인 것 같다.

1522

고난 주간 첫 수요일 3월 6일에 루터는 보르나에서 프리드리히 현자에게 이해를 구하는 편지를 썼다. 오늘날 보르나 시민들은 매년 연극공연을 통해 이날을 기념하고 있다.

10 보르나: 엠마우스교회
교회 전체 건물이 그대로 옮겨진 곳

보르나에 머문 유명 인사 중에 루터뿐만 아니라 루터 이후에 러시아 황제 짜르 알렉산더 1세(Zar Alexander Ⅰ)와 나폴레옹(Napoleon)도 있다고 역사학자들은 이야기하고 있다.

이런 유명 인사들이 보르나 시에 머물렀다는 것은 보르나 시의 명성에 긍정적이지만 부정적인 면으로는 시의 이름을 따라 지어진 보르나 바이러스라는 질병 이름도 있다. 1908년에 보르나에서 매머드 머리뼈가 발견되었는데 이 머리뼈를 보르나 매머드라고 명명하는 것에 시민들은 자부심을 가지고 있었다. 그후 이 매머드 뼈는 라이프치히 국립 박물관으로 보내어졌는데 1943년 12월 전쟁 중 연합군의 폭탄 공격에 완전히 불타 소실되었다. 보르나의 도시 슬로건은 인상적이다.

"교회가 살아 움직이는 곳."

이 슬로건은 두 가지 이중적인 뜻을 내포하고 있으며 도시의 현대 역사를 담고 있다. 2007년에 호이어스도르프(Heuersdorf)에 있던 750년 된 시골교회를 들어 그대로 "옮겨" 놓았다. 이유는 교회가 있던 일대가 갈탄 산업의 희생양으로 철거되어야 했기 때문이었다. 큰 트레일러로 엠마우스교회(Emmaus-kirche) 건물 이동이 이루어져 새로운 고향인 보르나의 마틴 루터 광장에 새롭게 안착하게 되었다. 전 세계의 대중매체들이 교회 건물의 "이동"을 부분적으로 생중계하였다. 오늘날 엠마우스교회는 마틴 루터가 당시 개신교 개혁의 첫 움직임을 실행했던 대형교회 성 마리엔의 명성에 가려져 있다. 1800년부터 이루어진 갈탄 산업은 도시의 산업화를 앞당겼지만 그에 준하는 환경오염을 남겼다. 몇몇의 시골 마을은 준설된 흙에 의해 사라져야했고 성도들은 자신들의 교회를 잃었다. 엠마우스교회 건물은 소박함이 가장 큰 특징이다. 교회 내부도 소박하며 특히 나무 뭉치에 힘으로 거칠고 강하게 조각된 십자가에 못 박힌 예수님상은 소박하지만 그의 고난이 그대로 느껴져 보는 이를 숙연케 한다.

엠마우스교회와 성 마리엔교회 사이에 두 개의 기념물이 있다. 하나는 당연히 융커 요르그인 루터 자신이다. 그 옆에는 알아볼 수 없는 구부정하고 내면이 꼬여져 보이는 사람 모습의 조각상이 있다. 아마 젊은 루터는 이렇게 말하고 싶었을 것이다. 종교적인 기법은 꼬여진 것을 풀 수 없다. 이웃을 사랑하는 마음과 행동만이 이 꼬여진 문제를 풀 수 있다.

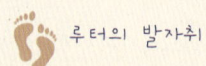

작센대로(Sachsenallee)에서 브륄 거리(Brül-Strasse)로 빠져나오면 마틴-루터 광장(Martin-Luther-Platz)으로 연결된다. 브륄 거리와 작센대로의 반대편에는 넓은 연못이 있는데, 연못 주위가 아름다워 산책하기에 좋다.

2007
750년 된 엠마우스교회는 호이어스도르프에서 보르나로 이송되었다.

11 브레나: 성 야코부스교회
카타리나가 수도원에 들어 온 곳

브레나(Brehna)의 시교회는 고속도로교회(Stadkirche)라는 별명으로 알려져 있는데, 정작 교회의 위치는 고속도로에서 멀리 떨어져있다. 거의 900년 동안 찬양과 기도와 하나님의 말씀을 들으러 많은 사람들이 이 교회로 몰려들었다. 이 교회는 예수님의 12제자 중 야고보에게 헌정되어진 교회로 성지 순례의 한 곳으로 선정되었으며 그 당시 교회로 향하는 수많은 신도들의 행렬이 고속도로와 같았다고 한다. 그래서 교회 재직회에서 교회를 브레나 시민들뿐 아니라 성지 순례를 오는 사람들에게도 개방하고자 결의했다.

원래는 두 교회가 존재한다. 북쪽의 정문으로는 성 야고부스교구교회로 들어 갈 수 있다. 그리고 남동쪽 부분은 성 클래멘스수도원교회가 연결되어 있다. 원래는 낭만주의 양식으로 지어졌고 중세시대에는 요새교회로 그 다음에는 수도원 부속교회로 그리고 수도원으로 바뀌었다. 따라서 이 교회는 기나긴 역사를 지니고 있다.

1201년 8월 15일에 프리드리히 1세 집안의 후작 부인 헤드빅(Hedwig)은 남편으로부터 받은 자신의 상속 토지 위에 교회를 세워 수도원으로 발전시켜 나갔다. 이렇게 하여 수도원 부지가 만들어지고 수도원이 세워졌다.

이 수도원 출신의 유명한 사람은 바로 카타리나 폰 보라(Katharina von Bora)이다. 그녀는 1499년 1월 29일에 태어났다. 그녀의 부모는 몰락한 귀족 가문 출신으로 재산이 없어서 그녀는 가난한 환경에서 자랐다. 1504년에 6살짜리 카타리나는 교육을 위해 브레나에 있는 어거스틴-코어프라우엔 부속 기관(Augustiner-Chorfrauenstift Brehna)에 맡겨졌다. 이곳에서 카타리나는 행복하지 않았고 1508년까지 머물다가 작센 지방의 님브쉔(Nimbschen)에 있는 수도원으로 옮겨졌다. 거기에서 그녀는 수녀가 되었지만 역시 행복하지 않았다. 우리가 인생에서 지울 수 있다면 지우고 싶은 잘못된 선택이었던 것이다.

종교개혁 이후에 브레나에 있는 수도원은 쇠퇴하기 시작했다. 수도원들은 해체되었지만 다른 방도가 없는 수녀들은 거기에 남아 살 수 있었다고 한다. 최소한의 숙소를 해결해 준 것이다. 30년 전쟁으로 인하여 수도원은 파괴되어 사라졌으며 수도원 부속교회만 남아있다. 오늘날도 교회 건물은 크고 웅장하며 현재는 고속도로 여행자들에게 쉼터로 제공되고 있다.

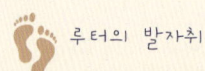

브레나는 할레/비터펠드(Halle/Bitterfeld)의 경계에 있는 고속도로 A9에 위치한다. B100 도로로 들어오면 할레쉐 거리(Hallesche Strasse)로 이어진다. 여기에 바로 고속도로교회가 있다. 브레나에는 "역사 산책길"도 있다. 시장 광장과 시청사 사이에 있는 이 길 위에는 브레나의 긴 역사 속에서 선발한 중요한 사건들이 연도별로 적혀 있다. 카타리나는 산책로에 1508년으로 적혀져 있다.

1504
카타리나 폰 보라는 6살 때 브레나에 있는 어거스틴-코어프라우엔수도원 부속 기관에 맡겨졌다.

12 콜디츠: 궁성
벤쩨스라우스 린크가 태어난 곳

마틴 루터가 개인적으로 이곳이나 이 지역교회를 방문했는지는 증명된 것이 없다. 그러나 종교개혁이 콜디츠에도 영향을 미친 것은 틀림이 없다.

루터의 가장 친한 친구 중 한 사람이 1483년 1월 8일에 콜디츠에서 태어났다. 벤쩨스라우스 린크(Wenzeslaus Linck)이다. 그런데 그는 어린 시절 막데부르그(Magdeburg)에 있는 학교를 가기위해 콜디츠(Colditz)를 떠났다. 그는 루터의 열렬한 추종자였으며 알텐부르그(Altenburg)와 뉘른베르그(Nürnberg)에서 개혁을 실행하였다.

종교개혁이 이미 1528년에 콜디츠에서 이루어지기 시작했지만, 1523년에 이 지역 출신의 개신교 목사 4명은 종교개혁의 반대자인 메르세부르그(Merseburg)의 대주교에 대한 그들의 태도 때문에 물의를 일으키기도 했다.

루터의 또 다른 친구인 화가 루카스 크라나흐(Lucas Cranach)도 여행 도중에 콜디츠를 거쳐 간 적이 있는 것으로 보인다. 증거로는 그가 1530년에 그린 그림 "황금시대"(Goldenes Zeitalter)이다. 이 그림 왼쪽 상단 구석에 콜디츠 궁성이 보인다.

크라나흐의 아들인 루카스 크라나흐 주니어(Lucas Cranach d.J)도 콜디츠 궁성에 머물렀다고 한다. 그는 선제후 크리스티안 1세의 지시를 받아서 콜디츠에서 여섯 장의 그림을 그려서 남겼다.

오늘날 도시의 상징물은 그림의 한 모퉁이 왼쪽에 있는 콜디츠 궁성이 아니라 바로 도시의 정 중앙에 있는 궁성 콜디츠이다. 이 궁성은 30미터 높이의 암벽 위에 지어져 위엄을 드러내고 있다. 문헌상으로 1046년에 최초로 언급되었다. 궁성은 수많은 격동의 역사를 함께 겪었다. 제2차 세계 대전 때에는 삼엄한 연합군 장교 포로수용소로도 사용되었다. 이 때문인지 그 이후로 영미권 관광객들이 이곳을 많이 찾는다.

이외에 18세기 초부터 콜디츠 그릇과 도자기류가 아주 유명하다. 요한 프리드리히 뵈팅거(Johann Friedrich Böttger)는 콜디츠 고령토로 유럽 최초의 높은 온도에서 구운 도자기를 만들었다. 콜디츠 역사박물관에서 관람하고 체험할 수도 있다.

콜디츠는 아주 깔끔하고 정돈된 도시이다. 콜디츠 궁성은 웅장하여 눈에 띄며 르네상스식 건물인 시청사가 있는 시장 광장도 둘러 볼만하다. 시교구교회는 성 에기디엔(St. Egidien)교회이다.

1483
1월 8일 벤쩨스라우스 링크가 콜디츠에서 태어났다. 그는 루터의 열렬한 추종자였으며 알텐부르그와 뉘른베르그에 종교개혁을 실천에 옮겼다.

13 코스빅: 성 니콜라이교회
문이 많은 교회가 있는 곳

"문이 많은 교회." 이 문구는 그냥 별명이 아니라 실제로 교회에 문이 많다. 코스빅 성 니콜라이교회(St. Nicolai Kirche)는 문이 많다. 귀족들만이 아니라 부자들도 그들 전용문이 있었다. 교회의 문들은 그 당시 사회의 계층에 따라 다르게 만들어진 것으로 보인다. 교회에도 들어오기 전에 이미 교회의 문 앞에서부터 사회적인 신분 차별이 있었던 것이다.

1150년에 낭만주의 양식의 삼랑식 할렌교회(Hallenkirche) 건축이 착공되었다. 낭만주의 양식의 원형아치형 교회 건물에 대한 기록이 성가대실의 바닥에 새겨져 있어서 쉽게 알 수 있다. 낭만주의 양식으로 지어질 당시 교회는 넓은 정면에 있는 한 개의 입구 밖에 없었다.

1272년에 이 교회는 수도원교회가 되었고 어거스틴수녀수도원(Augustiner-Nonnenkloster)에 속했다. 그 이후로 고딕 양식으로 개축되었다. 고딕 건축의 전형적인 양식에 따라 길고 분리된 성가대석과 교차 골조물로 된 원형 천장이 만들어졌다. 하나뿐인 사각형 모양의 교회 탑도 여러 번 새로 개축되었다. 탑 아래는 낭만주의 양식으로 그대로 남아있고 탑의 상단 부분은 8각형양식으로 바뀌었다. 그 당시에는 교회 종탑에 다락방이 있었다. 교회 종탑에서는 엘베 강 유역(Elbauen)을 넘어 데사우-뵐리츠 지역(Dessau-Wörlitzer)까지 보이는 아름답고 환상적인 풍광을 즐길 수 있다.

종교개혁의 바람이 1527년에 이곳을 강타하자 수도원은 해체되었고 수도원 부속교회는 개신교 시교회가 되었다. 정문 입구를 제외하고 다른 옆문들은 아마 폐쇄된 것으로 보인다. 슈말칼덴 전쟁(Schmalkaldischen Krig)과 30년 전쟁으로 인하여 이 교회도 다른 교회처럼 여러 번 파괴되었으나 때마다 다시 복구되었다. 그래서 르네상스와 바로크 양식이 공존하는 건물로 오늘날까지 남아있다.

16세기 말 종교개혁의 급진파들에 의해 쯔빅카우(Zwickau)에서 시작하여 가톨릭교회 내부에 있는 성화들을 모두 없애고 철거하는 소요가 일어났다. 이때 고딕 후기 양식으로 지어진 이 교회 제단도 철거되었다. 그런데 놀랍게도 루카스 크라나흐 주니어가 활동하던 시대의 아름다운 작품 3점은 보존되어 전해지고 있다.

이 교회는 코스빅의 중앙에 위치하는 광장 1번지(Markt 1)에 서 있다. 코스빅에서 데사우(Dessau)를 가려면 반대로도 마찬가지지만 국도 K2376을 달리다가 페리호를 타야한다. 엘베 강에서 페리호를 타면 엘베 강 유역의 아름다움을 한껏 만끽할 수 있다.

1527
종교개혁의 바람이 코스빅(Coswig)에 불었다. 최초의 개신교 예배가 드려졌다.

크로이쯔부르그: 니콜라이교회
미샤엘 프래토리우스가 태어난 곳

이 지역은 어딘가 모르게 거룩해 보인다. 보니파티우스(Bonifatius)는 724년에 이미 이 지역을 선교했으며 성곽에 십자가를 세웠다. 이후 성곽에는 이 지역 영주의 부인인 엘리자베스가 즐겨 머물기도 하였다. 특히 엘리자베스 백작 부인은 당시 아주 독실한 믿음으로 명성이 높았다. 그에 못지않게 유명한 사람이 또 있는데, 바로 미샤엘 프래토리우스(Michael Praetorius, 1571-1621)이다. 그는 초기 바로크시대의 명성 높은 음악가로 이곳 크로이쯔부르그(Creuzburg)에서 태어났다. 그는 "한 송이 장미꽃이 피었네"(Es isr ein Ros' entsprungen)라는 유명한 독일 찬송가와 이외 개신교 교회 음악에 기여하는 다수의 작품들을 남겼다.

중세시대의 매력적인 유물로 크로이쯔부르그 성곽 문에서 베라(Werra) 지역까지 뻗어 있는 7개의 굽은 활모양의 사암 다리가 있다. 13세기 이후로 이 다리는 베라로 넘어가는 중요한 상업로가 되었다고 한다. 다리의 동쪽 끝에는 목조로 지어진 작은 예배당이 있는데 이 다리를 건너는 여행자의 안전을 기원하는 의미로 만들어졌다. 1499년에는 돌로 새 예배당이 건축되었으며 리보리우스 예배당(Liborious-Kapelle)이라고 불린다. 이 예배당은 성 엘리자베스의 삶을 조명하는 화려한 그림들로 장식되어져 있다. 성곽은 베라의 골짜기를 내려다보며 이 지역을 통치하는 듯 위엄있게 서 있다.

시의 가장 중요한 건축물 니콜라이교회(Nicolaikirche)는 1210년에 건축이 시작되어 1428년에 교회 탑이 시의 탑으로 지정되었다가 여러 번 불에 타고 다시 복구되었다. 1523년에 알버트 폰 캠프텐(Albert von Kempten)이 처음 개신교식 설교를 했다. 여기에 시의 장로와 원로들이 개신교 신앙고백을 함으로 크로이쯔부르그는 개신교화되었다. 루터와 멜란히톤은 1529년에 마부르그(Marburg)로 가다가 이곳에서 잠시 쉬었다고 한다. 그로부터 세월이 흘러 대형 화재로 교회가 소실되었고, 1756년에 괴테가 소실된 교회를 방문하여 재건축을 위해 노력을 쏟았다고 한다. 1945년 4월 1일에 다시 전쟁으로 인하여 교회 건물이 상당히 훼손되었지만, 1968년에는 다시 복구가 이루어져 오늘날 인상적인 교회 실내 양식과 성스러운 예배 분위기를 내는 아름다운 낭만주의 양식 예배당으로 남아 있다. 모든 것이 흰색으로 칠해져 있어서 아치형 천장의 검은색 골조와 검은 적색과 회색 계열의 연결 구조물과 대조를 이루는 것이 인상적이다.

* 8세기 프랑크 제국에 기독교를 전파한 베네딕트회 앵글로색슨족 선교사이자 초대 마인쯔 대교구장이다. 독일의 사도라 불리며 로마 가톨릭에서 수호성인으로 지정하고 있다.-역주

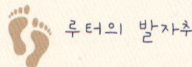

크로이쯔부르그는 B7번 도로 상에 인접해 있다. 니콜라이교회는 시장 광장에 서 있다. "블라우에 크로이쯔부르거"(Blaue Creuzburger)라는 이름으로 알려진 이 지방의 치즈는 기록상 1426년에 염전이 있었다고 전해지는 빌헬름부룬넨(wilhelmbrunnen)이라는 작은 마을에서 생산되었던 것이다. 오늘날 200마리의 양과 물소를 보유한 치즈 가내수공업이 이루어지고 있다.

1523   알버트 폰 캠프텐이 최초의 개신교 설교를 하였다. 시의 원로들이 개신교 신앙고백을 하였다.

15 크리미츠샤우: 프랑켄하우젠수도원
보물이 숨겨져 있는 곳

이 수도원은 종교개혁과 밀접한 관계에 있지는 않다. 이 수도원은 1276년에 세워졌고 그륀베르그(Grünberg) 출신의 치스터친즈 수녀들(Zisterziensernonnen)을 위해 건립되었다. 1410년에 화재로 수도원이 소실되는 사건이 일어났다. 그러자 수도원의 재건축을 위해 가톨릭 주교가 다음과 같은 성명을 내었다.

"… 수도원 재건축을 돕는 모든 사람들에게 40일 면죄부를 발급한다."

당시 루터는 아직 태어나지 않았다.

수도원은 지역의 세금과 생산물로 부유했으며 주위의 몇 개의 마을이 수도원 소유였다. 또한 재판권도 가지고 있었다. 수도원의 수입은 지역 생산물과 세금, 빌려준 재산의 이자 그리고 수도원 자체 내의 방앗간과 양조장의 생산물 등이었다.

종교개혁과 함께 이 모든 것은 사라져버렸다. 수도원은 해체되었다. 작센의 봉건영주 선제후 요한 프리드리히 1세는 모든 수도원의 재산을 사유화시켰다.

1543년에 빌헬름 툼스히른(Wilhelm Thumshirn)이라는 사람이 수도원을 8천 굴덴(Gulden)이라는 싼 가격에 매입했다. 그러나 정작 그는 이곳에서 자주 살지 않았다. 그는 군인으로 전 세계를 돌아다녔다. 그가 로마로부터 기사 작위를 받게 되자 그의 가문은 외교적으로 중요한 가문이 되었다. 1764년에 직물 생산업자가 이 건물을 다시 사들였다. 그리고 1945년 동독 시절에는 사유지를 몰수하면서 이 건물도 국가 소유가 되었다. 그리고 안타깝게도 수도원 건물이 철거되었고 도서관이 만들어졌다. 소유물과 토지는 분배되었고 성 공원의 나무들은 베어져나갔다.

통독이후 복구 작업이 이루어졌고, 남은 것들 중심으로 다시 예전의 모습을 되찾았다.

수도원 건물은 크리미츠샤우(Crimmitschau)의 변두리 지역인 프랑켄하우젠(Frankenhausen) 마을 가장자리에 있고, 주위로 작은 강이 초원을 둘러 흐르고 있다. 바로 시골 변두리에 숨어 있는 보석 같은 존재이다. 오늘날 이곳에서 경건의 시간을 가지는 장소로 사용되고 있다. 이곳에서 열리는 작은 음악회도 아름답다.

프랑켄하우젠에 있는 이 수도원은 찾기가 쉽지 않는데, 크리미츠샤우에서 라이프찌거 거리(Leibziger Strasse)를 따라가다가 호프 연못(Hofteich) 오른쪽의 켈러베르그(Kellerberg)로 빠지면 된다.

1543
종교개혁과 더불어 사유화된 이후 빌헬름 툼스히른이 수도원 건물을 8천 굴덴으로 구입하였다. 이로 인하여 기사 소유의 건물이 되었다.

16 크리미츠샤우: 라우렌티우스교회
맥주, 루터 그리고 직물이 있는 곳

　1529년에 처음으로 크리미츠샤우에 개신교 목사가 부임했다. 바로 가장 오래된 교회인 라우렌티우스교회(Laurentiuskirche, 문헌상 1222년 기록물에 있음)로 1353년에 새롭게 개축되었는데 종탑, 외벽과 예배당의 아치형 천장은 원형 그대로 남아있다. 1462년에 처음으로 오르간이 들어왔다. 오늘날 모습인 삼랑식 예배당은 1513년에 후기 고딕 양식으로 지어졌으며, 1675년 새로운 시대를 기념하기 위해 바로크 풍으로 외벽을 채색했다.

　크리미츠샤우에는 종교개혁 직후에 양조기술이 들어왔으며 가장 오래된 맥주 순수령*이 1575년에 만들어졌다. 몇 년이 지난 후 1614년도에는 크리미츠샤우에 33개의 맥아 양조장과 18개의 양조장이 생겼다.

　이곳에서의 종교개혁이 아무런 무력 충돌 없이 이루어 진 것은 아니다. 사람들은 당시에 맥주를 마시다가도 몸싸움을 하곤 했다. 그래서 심지어 크리미츠샤우의 양조장과 블랑켄부르그 기사 령의 양조업자 사이에 맥주 전쟁이라는 말까지 있었다.

　이렇게 서로 싸우기보다 자신들이 사는 도시를 외부의 적으로부터 잘 방어하는 데 노력했더라면 좋았을 것이다. 후에 일어난 30년 전쟁으로 인해 도시는 완전히 수탈당했으며 누구도 다시 맥주 생산을 하려 하지 않았다. 따라서 1682년에는 겨우 2개의 양조장만 남게 되었다. 독일 역사 연대기에 보면 스웨덴 황제 군대가 이 도시를 약탈하고 파괴했다고 나와 있다.

　이후 18세기 중엽에 직물공장이 들어서면서 도시가 다시 잘 살게 되었다. 오늘날도 도시 곳곳에서 예전의 부를 엿볼 수 있다. 세기 말에는 "굴뚝 100개의 도시"(Stadt der 100 Schornsteine)라는 애칭이 생겼다. 실제로 19세기 말 독일 전체 대부분의 백만장자들이 이곳에 살았다고 한다.

　라우렌티우스교회의 재건과 보존에는 그 당시 제법 상당한 재정이 쏟아 부어졌다. 오히려 오늘날 교회를 위해 돈을 많이 투자하지 못하는 실정이다. 종교개혁을 상기시키는 것은 "구스타프-아돌프-펜스터"(Gustav-Adolf-Fester)라는 교회 창문에 그려진 그림이다. 이 그림에는 성경을 높이 든 루터의 모습이 그려져 있다.

＊ 맥주 양조에 관한 법령으로 맥주를 만들 때 맥아와 보리, 홉, 효모, 물 이외에는 사용하지 못하게 함-역주.

 루터의 발자취

크리미츠샤우에는 플라이세(Pleisse) 강변에 인접해 있다. 이 강을 건너서 얀 거리(Jahnstrasse)로 따라 가다가 키르히 광장(Kirchplatz)에서 왼쪽으로 방향을 튼다. 여기에서 걸어서 2분 거리에 시장 광장이 있다.

1529
최초의 개신교 목사가 크리미츠샤우에 부임했다.

17 데사우: 요한바우
개신교 왕족 주교가 있었던 곳

요한바우(Johanbau)는 건축 당시 독일 르네상스 초기 시대에 가장 중요한 의미를 가진 성 건축물이었다. 이 성은 눈에 띄게 아름답다. 이 건물의 "상징"은 단연 미완성처럼 보이는 둥글게 다듬어진 건물 전면의 돌출부이다. 또 하나 인상적인 것은 계단으로 이어지는 종탑이다.

1533년에 지어졌고 1945년 3월 7일 파괴되었다. 45분 만에 수백 년 동안 건재해오던 도시의 약 80%가 파괴되었고 그때 함께 요한바우의 일부분도 같이 무너졌다. 폭탄의 파괴력이었다.

1990년에야 비로소 정부재정 지원과 작센-안할트(Sachsen-Anhalt) 주의 로또 수익으로 이 성은 원래의 모습으로 복원 되었다. 이때 요한바우의 둥근 머리 부분과 종탑도 같이 본래의 모습을 되찾았다. 그러나 성의 내부 공간과 강당의 시설물들은 전쟁으로 인해 완전히 파괴되었으며, 지하 창고의 아치형 둥근 천장만 그대로 보존되어 남아있다.

원래 이곳에 중세시대 건물이 서 있었는데, 1528-1533년 사이에 이 건물은 안할트-데사우(Anhalt-Dessau) 지방의 왕족과 영주들의 휴가 때 머물고 가는 별장으로 재건축되었다고 한다. 성주는 작센의 선제후 요한 4세(1504-1551), 그의 동생은 게오르그 3세(Georg III)와 요야킴(Joachim)이다. 게오르그 3세의 특이한 점은 그가 성스러운 사람으로 불렸다는 것이다. 그는 먼저 왕족 지배층이자 사제로 신실한 종교개혁의 후원자였다.

1544년 작센의 선제후 아우구스트(August)가 메르세부르그(Merseburg) 주교구에 종교개혁을 단행하자 1545년에 작센의 게오르그 3세는 자진하여 루터로부터 메르세부르그의 대성당에서 안수를 받아 대주교직을 맡게 된다. 그는 개신교 성직자로 유일한 독일 왕족 출신이었다. 그러나 비극도 같이 일어났다. 슈말칼덴 전쟁에서 패배함으로 메르세부르그는 다시 가톨릭화되었고 게오르그는 관직에서 파면되고 쫓겨났다. 1553년에 그는 성 데사우에서 생을 마감했고 멜란히톤의 참석 하에 마리엔 교회에 안장되었다.

2005년 8월부터 슐로스 광장(Schlossplatz) 3a에 있는 요한바우에는 데사우 시의 역사박물관이 자리잡고 있다. 종교개혁에 기여한 게오르그 3세의 업적이 인상적이다.

1545
루터는 게오르그 3세를 메르세부르그 대성당의 주교로 서품을 주었다.

18. 데사우: 성 요하니스교회
독일의 르네상스 화가 크라나흐 작품이 있는 곳

성 요하니스교회(St. Johannis Kirche)는 시의 중심에 있다. 교회의 규모는 오늘날 작아졌지만 교회가 보유하고 있는 예술 작품은 엄청나다. 크라나흐 가문(Cranachfamilie)의 작업실에서 나온 세 개의 뛰어난 작품으로 "감람산에 예수님"(Die Kreuzigung), "십자가에 못 박히신 예수님"(Jesus am Olberg), "데사우 만찬"(Dessauer Abendmahl)이 있다.

이 그림들 모두는 원래 데사우궁성교회인 마리엔교회에 있었던 것이다. 성 요하니스교회는 개혁된 안할트 지방의 루터파교회로 1702년부터 섬기기 시작하였다. 소박하며 고전적인 요소들을 갖춘 후기 고딕 양식건물이다. 1967년 성 요하니스교회와 성 마리엔교회 그 외의 전체 교회들이 통합되었고 그림들은 전쟁을 피해 성 요하니스교회로 옮겨졌다. 이 그림들은 1990년에 막대한 비용을 들여 보수작업이 이루어져 오늘날까지 성 요하니스교회에 보관되어져 있다. 특히 인상적인 그림은 "데사우 만찬"(1565)인데, 독일 종교개혁의 거장들이 12제자로 그려져 있다. 루터와 부겐하겐(Bugenhagen), 요나스(Jonas), 멜란히톤(Melanchthon) 그리고 데사우 왕족 주교 게오르그 3세(Dessau Fürsten-Pfarrer Georg III)도 있다.

데사우는 종교개혁에도 여러 갈래가 있었음을 볼 수 있는 한 예라고 할 수 있다. 1534년 4월 2일에 데사우에는 안할트의 왕족 요한 게오르그 3세와 요하킴에 의해 종교개혁이 단행되었다. 그러나 1596년에 작센의 왕족들은 또 다른 결단을 하게 되는데, 데사우의 왕족 요한 게오르그 1세와 안할트의 아우구스투스(Augustus)는 칼빈주의로 돌아섰던 것이다. 마리엔교회에서는 루터의 종교개혁에 따라 예배가 이루어졌었다. 그러나 1606년에 소위 두 번째 종교개혁인 칼빈주의가 안할트 데사우에 일어났고 이 시기는 루터파 사람들에게 힘든 시기였다. 1679년에 개혁이후 처음으로 자유로운 종교 선거가 이루어졌다. 1690년에 루터파 요하니스교회가 건축에 들어갔고 1702년에 완공되었다. 만약 예배를 드리기 위해 이곳을 찾는다면 기대를 하지 않는 것이 좋다. 개신교교회는 오늘날 성도 수가 매우 줄어들었다.

믿음과 상관없이 이곳은 오늘날 크라나흐의 그림을 보러 많은 사람들이 온다.

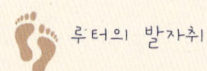

요하니스교회는 데사우의 카발리어 거리(Kavallierstrasse)와 요하니스 거리(Johannistrasse)사이 모퉁이인 로스라우(Rosslau)에 있다. 이 교회는 문화적으로 중요할 뿐 아니라 정치적으로도 상당한 의미를 가진다. 1989년에 이 교회에서 통독에 대한 여론이 조성되었고 오늘날도 정치적인 주제로 토론 모임이 진행되고 있다.

1534

4월 2일에 데사우에서 종교개혁이 이루어졌다. 62년이 지난 후 또 다른 칼빈주의 종교개혁이 뒤따랐다.

19 되벨른: 성 니콜라이교회
미라클 맨이 누워 있는 곳

    1000년의 역사 도시 되벨른(Döbeln)은 종교개혁을 포함하여 역사의 어두운 면도 가지고 있다. 1521년에 최초의 개신교 목사들이 부임을 했다. 그러나 그들은 시청사에서만 설교를 할 수 있었다. 교회나 세상의 지도자들은 백성을 깨우며 자극하는 설교를 좋아하지 않았다. 소영주 게오르그 베르티게(Georg Bärtige)는 루터를 따르는 교역자들을 체포하기 시작하였고 그들은 피신을 해야만 했다. 그리하여 이곳의 종교개혁은 더디게 진행되었다. 1539년에야 알버트 가문이 관할하는 작센지역에서 종교개혁이 이루어지자 비로소 되벨른에도 개신교 교리가 자유롭게 전파되기 시작 했다.

    성 니콜라이교회(St. Nicolai-Kirche) 또한 항상 좋은 과거만 가지고 있지는 않다. 추정컨대 981년 정도에 교회가 건축되기 시작했고 1293년에 처음 문헌 기록상에 교회에 대한 언급이 나온다. 의심할 여지없이 이 교회는 도시 되벨른의 가장 오래된 건물 중의 하나이며 많은 볼거리를 가지고 있는 역사적인 가치가 있는 곳이다. 11미터 높이의 제단과 작센 지방에서 보존된 것 중에 가장 규모가 큰 양 날개를 가진 형식의 제단이 유명하다.

    가장 특이한 것 중에는 교회에 소장되어 있는 미라클 맨(Mirakelmann)이라는 조각상인데, 이 조각상은 보리수로 만들어졌으며 실제 인간 크기로 제작되어 움직일 수 있다. 이 조각상은 중세의 종교극이나 그리스도 수난극에서 고난의 길을 가는 예수 그리스도를 표현하는데 사용되어진 것으로 추정한다. 1.8미터 크기로 실제 시신을 따라 제작되어졌고 혈관도 있어서 피 흘림이 실제처럼 연출 가능하다. 약 1500년 정도에 제작되어졌다. 실제 연극 공연에서 병사가 십자가에 달린 미라클 맨의 옆구리를 창으로 찌른다. 이때 창이 미리 짐승의 피로 가득 찬 내장을 관통하고 피가 쏟아져 내린다. 관객들은 놀라 소리친다.

    종교개혁 이후 이 조각상은 교회 예배당의 기둥에 매달아 놓았다. 그 다음에는 북쪽 옆에 있는 예배당의 목관에 보관되어져왔다. 그러나 2002년에 홍수로 피해를 입게 된다. 전체 교회 예배당에 물이 차올랐으며 조각상도 이틀 동안이나 물에 떠 있어야 했다. 그 이후 조각상은 다시 복원되어 2005년부터 전시 가능하게 되었고 교회 큰 발코니 목관에 보관되어져 있다.

    교회 앞에는 종교개혁가 루터의 위엄 있는 동상이 서 있다.

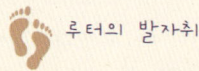

성 니콜라이교회는 루터 광장(Lutherplatz)에 있다. 루터 동상 앞에 서서 보면 시청과 시장 쪽으로 펼쳐지는 아름다운 경치를 볼 수 있다. 천 년의 오래된 도시를 둘러보며 짧은 산책을 하는 것도 좋다.

1539
알버트 가문이 관할하는 작센지역에 종교개혁이 이루어지자 비로소 되벨른에도 개신교 교리가 자유롭게 전파되기 시작했다.

20 아일렌부르그: 마리엔교회
30년 전쟁이 종지부를 찍은 곳

아일렌부르그(Eilenburg)에 거주한 유명한 사람은 독일 작센 지방의 전통 왕족 가문인 베티너(Wettiner) 가문이다. 그래서 이곳을 작센의 요람이라고 부르기도 한다. 그런데 이곳은 종교개혁의 요람이라고 해도 무방하다. 다수의 개신교교회가 아일렌부르그에 있다. 니콜라이교회(Nicolaikirche)는 이곳의 가장 오래된 교회로 약 970년 정도에 목조 예배당으로 지어졌고 오늘날 건축의 모습은 1444년에 이루어 진 것이다. 교회 종탑은 1496년에 만들어지기 시작했다 선제후 프리드리히 현자는 여기에 모퉁이 돌과 초석을 놓았다. 지금 높이의 종탑은 1672년에 완성되었다. 마틴 루터는 1522년에 성 니콜라이교회에 최초의 개신교 목사로 안드레아스 카욱스도르프(Andreas Kauxdorf)를 부임시켰다. 그 다음 이루어진 성찬식에서 두 가지 요소인 떡과 포도주가 나누어졌다. 또 이곳 출신인 뛰어난 인물이 있다. 1617년에 성 니콜라이교회로 아일렌부르그 출신인 마틴 린카르트(Martin Rinckart) 대부제가 부임했다. 그는 1639년 스웨덴 군대의 약탈로부터 아일렌부르그를 구해내었다. 또한 유명한 합창곡인 "지금 하나님께 감사드립시다"(Nun danket alle Gott)를 작곡하였다.

성 마리엔교회는 산성교회라고 불리며, 유구한 역사를 자랑 한다. 907년 정도에 토성으로 지어졌으며 12세기 초에 낭만주의 양식으로 새로 개축되었다가 1516년에서 1522년 사이에 후기 고딕 양식으로 재건축 되었다. 마틴 루터가 성 마리엔에서 설교했었다. 이 교회가 재건축될 때 그는 아일렌부르그의 궁성에 있는 베드로강당에서도 설교했다. 그는 설교 시에 회중석을 돌아다니며 모든 아일렌부르그 성도들이 그의 설교를 들을 수 있도록 했다고 한다. 이런 점에서 아일렌부르그는 종교개혁의 요람이라 할 수 있겠다.

30년 전쟁은 아일렌부르그의 역사를 새롭게 쓰게 한다. 스웨덴 왕 구스타프 아돌프(Gustav Adolf)는 아일렌부르그의 "줌 로텐 히어쉬"(Zum Roten Hirsch)라는 건물에 거주하고 있었는데, 1632년에 그는 여기에서 추방되었고, 1632년 11월 16일에 뤼쩬에서의 전투에서 전사한다. 1648년 9월 14일에 아일렌부르그 평화조약이 체결됨으로 30년 종교전쟁은 끝이 났다. 아일렌부르그는 평화를 이루어 낸 도시이다. 또한 아일렌부르그는 노동자와 산업종사자들이 최초의 협동조합을 창설한 도시이기도하다. 따라서 아일렌부르그는 독일 협동조합의 요람이라고도 할 수 있을 것이다.

니콜라이교회는 린카르트 거리(Rinkartstrasse)의 모퉁이에 있는 시장 광장에 있고, 마리엔교회는 슐로스베르그(Schlossberg) 5에 위치한다. 두 교회는 찾기에 어렵지 않다.

1522
마틴 루터는 성 니콜라이교회에 최초의 개신교 목사로 안드레아스 카욱스도르프를 부임시킴으로 종교개혁을 실행했다.

아이제나흐
"바르트부르그"의 도시

아이제나흐에서는 루터가 편지에 사용했던 직인인 "루터 장미"(Lutherrosen) 문양을 따라 걸으면 모든 루터와 관계된 역사적인 명소를 찾을 수 있다. 이 직인은 각 장소의 바닥에 찍혀져 있다. 루터와 아이제나흐(Eisennach)는 동의어이다. 아이제나흐에는 구석구석에 루터와 관련된 것을 볼 수 있는데, 심지어 루터 이름을 딴 약국도 있다.

그런데 아이제나흐는 루터 도시(Luther-Stadt)라 불리지 않고 바르트부르그 도시(Wartburg-Stadt)라고 불린다.

아마 이 도시와 연결된 인물이 루터 외에 더 있는 걸까?

그렇다. 만약 이 도시와 함께 루터에만 초점을 두었다면 다음에 언급하는 역사적인 인물들의 추종자들의 기분이 상할 수도 있다. 예를 들면 요한 세바스티안 바흐, 성 엘리자베스 폰 에른스트 주교, 리처드 바그너, 요한 볼프강 폰 괴테 등. 이런 인물들이 모두 아이제나흐와 관계가 있다. 누구를 선택해야 할지 보통 고민이 아닐 것이다.

루터는 이렇게 말했다.

"아이제나흐에는 거의 모든 나의 친척들이 살고 나도 그들과 함께 여기에 있다. … 내가 여기에서 4년 동안 공부했으므로 다른 어떤 도시보다 아이제나흐는 나를 많이 안다."

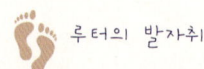

따라서 이 도시에는 루터 유적지가 많을 수밖에 없다.

1498년부터 1501년까지 마틴 루터는 아이제나흐에서 라틴어 학교를 다녔다. 처음에는 다른 지방에서 온 학생들처럼 학교에 있는 기숙사에서 살았고, 그 다음은 상인의 집에서, 시의원장이였던 하인리히 샬베(Heinrich Schalbe) 그리고 루터의 어머니와 친척이었던 외가 쪽 코타(Cotta)가(家)에서 지냈다. 마지막 그가 지냈던 집은 오늘날 "루터-하우스"(Luther-Haus)로 불린다. 오늘날 루터-하우스는 루터박물관으로 사용되고 있다.

1521년에 마틴 루터는 보름스 회의에 참석했다가 돌아오는 길에 "게오르겐교회"(Georgenkirche)에서 설교했다. 오늘날 이곳을 방문하는 모든 방문객들에게 잊지 못할 역사적인 순간이 될 것이다. 루터가 설교했던 강단(1676년) 아래에 있는 세례반(盤)은 요한 세바스티안 바흐가 세례 받았던 곳이다.

삼랑식 바실리카 형식의 "성 니콜라이교회"는 종교개혁까지 베네딕트교수도원의 주교회로 섬겼다. 이 교회는 약 1180년도에 지어졌고 튀링엔의 마지막 낭만주의 양식의 건축물이다. 예술적인 석공 기술은 바르트부르그와 수준이 비슷하다. 보름스에서 돌아오는 길에 마틴 루터는 체포되어 감금된 것으로 되어있었다. 그러나 그는 실제로

1522년 3월 1일까지 10달 동안 융커 요르그로 신분 위장하여 바르트부르그에서 지냈다.

그 이후로도 루터는 자주 아이제나흐에 왔었다. 예를 들면 1529년에 마르부르그 종교 토론(Marburger Religionsgespräch)을 위해 여행할 때도 아이제나흐에서 쉬어가기도 했다. 1540년에 루터는 3주 동안 교구장 유스투스 마이누스(Justus Menius)의 집에 머무르기도 하였다. 이 도시에는 "니콜라이교회"(Nikolaikirche)와 함께 "니콜라이성문"(Nikolaitor)이 있다. 루터는 여행에서 돌아오면 항상 이 성문을 통해 아이제나흐로 들어왔다. 1525년에 성상을 파괴하려는 수도승과 수녀들도 이 성문을 통과해 몰려들어왔다.

니콜라이교회에는 루터의 먼 친척들인 콘라드 후터(konrad Hutter)와 퀴스터(Küster)가 있었다. 원래는 당시 어린 루터가 이들의 집에 머물려고 했었지만, 그들은 경제 여건상 손님을 맞을 수 없었다고 한다. 니콜라이 성문에 몇 미터 떨어진 곳에서 1895년에 완성된 "루터의 동상"(Lutherdenkmal)이 서 있다. 그 당시 이 도시와 관련된 영웅들을 추모하려고 만들어졌다. 루터도 분명 이 도시의 영웅에 들어갔던 것으로 보인다.

마지막으로 "프레디거교회"(Predigerkirche)로 봉건영주 백작 부인 엘

리자베스를 추모하기 위해 만든 수도원의 부속 시설 중의 하나이다. 종교개혁 도중에 이 수도원도 해체되었다. 1544년 이후로 수도원 건물은 라틴어 학교로 사용되어졌다. 오늘날은 새롭게 현대화되어 아이제나흐의 청소년들이 공부하는 마틴 루터 김나지움으로 사용되고 있다.

루터는 특히 아이제나흐가 성직자의 요람이라고 말했다. 그의 말을 뒷받침하는 증거로는 당시 아이제나흐 인구의 10분의1 정도가 성직과 관련이 있었다. 당시 수많은 수도원, 교회, 채플이 있었다. 종탑들은 도시의 이미지를 대표했고 어딘가에 항상 교회 종소리가 울려 퍼졌다. 그러나 경제적인 부흥이 사라지고 새로운 도약이 시도되었지만 많은 교회를 지탱할 재원이 마련되지 못했다.

바르트부르그는 동독 시절 중요한 산업 도시였으며 자동차제조업으로 유명했다. 2009년에 도시는 "다양성"이라는 슬로건을 내세우고 있다. 그러나 이 역사적인 도시의 인구는 지금 유럽의 다른 교회들이 겪는 것과 같이 겨우 43,000명으로 인구가 계속 감소하는 추세이다. 이런 인구 감소는 다양성이나 관광객으로 대신할 수 없는 문제인 것이다.

21 아이제나흐: 바흐하우스
바흐가 루터의 종교개혁을 음악적으로 해석한 곳

이미 앞에서 언급한 바와 같이 아이제나흐는 루터만의 도시는 아니다. 아이제나흐는 바흐의 도시이기도 하다. 루터가 없었더라도 바흐는 존재했겠지만, 바흐의 감동적인 음악은 존재하지 않았을 것이다.

1685년 3월 21일에 요하네스 세바스티안 바흐는 아이제나흐에서 태어났고 이곳에서 10살까지 살았으며, 라틴어 학교를 다녔고 게오르겐교회(Georgenkirche)의 합창단에서 노래했다. 그는 자기가 태어난 도시 아이제나흐를 자랑스러워했고 자신을 "아이제나흐 사람"이라는 뜻의 "아이제나쿠스"(Isenacus)라고 불렀다.

그런데 바흐가 마틴 루터와 무슨 연관이 있을까?

바흐는 루터의 신앙 교리를 음(音)으로 옮겨 놓았다고 할 수 있다. 이것이 바로 바흐하우스(Bachhaus)를 루터의 유적지에 포함시켜 방문해봐야 하는 이유가 된다. 더욱이 이곳은 새로운 역사적인 경험을 할 수 있는 곳이기도 하다. 1907년에 이미 이곳을 박물관으로 만들어 놓았다 그리고 현대적인 건축물을 보강하여서 고전의 바흐 음악을 현대기술로 연결시켜 눈으로 볼 수 있도록 되어있다. 전 세계적으로 가장 규모가 큰 바흐의 전시관은 바로크 시대의 삶과 바흐 가문의 삶 뿐 아니라 바흐에 대해 알고 싶은 모든 것을 전시하고 있다.

위에서 언급한 곳 외에도 바흐를 떠올릴 수 있는 곳이 아이제나흐에는 많이 있다. 예를 들면 성 게오르그주교회(Pfarrkirche St. Geog)가 있다. 1685년 3월 23일에 요한 세바스티안 바흐는 이곳에서 세례를 받았다. 이때 사용된 세례반은 1503년에 만들어진 것으로 아직도 사용되고 있어서 당시 바흐의 세례를 쉽게 상상해 볼 수 있다. 그러나 분명히 짚고 넘어가야 할 것은 아이제나흐가 요한 세바스티안 바흐 한 사람 때문에 바흐의 도시가 된 것이 아니라 음악적인 재능을 가진 바흐 가문이 있었기 때문이다. 게오르겐교회의 오르간 연주로 132년 동안 바흐 가문이 섬겼다.

유명한 사람으로는 특히 바흐의 아버지 암브로시우스 바흐(Ambrosius Bach)로 그는 시향의 지휘자였다. 그는 다수의 악기를 다룰 줄 알았고 많은 젊은 음악가들을 가르쳤으므로 분명 아들 요한 세바스티안 바흐도 가르쳤을 것이다. 세바스티안 바흐의 음악적인 재능은 그의 아버지의 덕이라 할 수 있다.

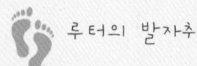

바흐하우스는 아이제나흐의 중심부인 프라우 광장(Frauenplatz) 21에 있다. 루터 거리(Lutherstrasse)에 위치한 루터하우스는 바흐하우스와 가까운 거리에 있다.

1685
3월 21일에 요하네스 세바스티안 바흐는 아이제나흐에서 태어났고, 바흐는 루터의 신앙 교리를 음으로 옮겨 놓았다고 할 수 있다.

22 아이제나흐: 게오르겐교회
마틴 루터가 노래한 곳

종탑이 한 개뿐인 게오르겐교회는 교구교회(Pfarrbezirk)로 아이제나흐의 중심지에 있었다. 게오르겐교회는 시의 중심부에 위치해 있을 뿐 아니라 상업의 중심지이다. 오늘날은 칸타타예배를 제외하고는 평소 예배에 참석하는 성도 수는 많이 줄어들었다. 그렇지만 게오르겐교회는 여전히 아이제나흐에서 가장 크고 이름 있는 교회이다. 지방 귀족 루드비히 3세는 이 교회를 1180년도에 건축했고 1515년에 다시 후기 고딕 양식으로 지성소와 신도석이 같은 높이에 있는 할렌교회(Hallenkirche)로 재건축했다.

루터도 이 교회를 다녔다. 학생 시절 루터는 열정적인 합창으로 교회를 섬겼다. 이후에는 신학자로 종교개혁가로 루터는 이 교회에서 종종 설교를 했다. 특히 1521년 5월 2일 그의 설교는 극적이었다. 루터는 추방령을 받아 쫓기는 처지였다. 그런데도 그는 게오르겐교회의 강단에 서서 그의 신앙 신념대로 목소리를 높였다. 그의 설교를 들은 회중들은 그를 지지하였다. 아이제나흐 사람들은 루터의 팬이었다. 이 교회에서 이미 오랫동안 루터 식으로 설교가 이루어졌으므로 게오르겐교회는 가장 오래된 개신교교회로 꼽히고 있다.

그러나 게오르겐교회도 농민 전쟁의 혼란을 피해 갈 수는 없었으며 이로 인하여 심각하게 훼손되었다. 그 이후로 새로 복원되었으며 발코니들은 축소되었다. 1685년에 세례를 받은 요한 세바스티안 바흐도 이 교회의 역사를 같이 경험했다. 네오바로크 양식의 교회 종탑은 1902년에 만들어졌다.

20세기의 교회와 관련된 역사적인 사실은 이러하다. 1948년에 독일개신교연합(EKD, Evangelische Kirche in Deutschland)에서 탈퇴하여 개신교루터교회 연합독일(VELKD, Vereinigte Evangelisch-Lutherische Kirche Deutschlands)에 가입했다. 1989년에 게오르겐교회는 아이제나흐 평화시위의 중심지였다.

이 교회는 아이제나흐의 중심지로 많은 관광객들이 찾는다. 그러나 교회는 재정적 어려움을 겪고 있는 상황인데, 그 이유는 역사적 명성을 유지하기 위해 많은 비용이 들기 때문이다. 여러 곳들이 유지 보수되어야하고 이를 위해 많은 재정을 모아야만 한다.

게오르겐교회는 못 보고 지나칠 수가 없는데, 시의 중앙 광장에 높이 우뚝 서 있다. 이곳에서 루터하우스도 보인다.

1521
루터는 게오르겐교회 강단에서 힘있게 설교하였다. 이외에도 이 교회는 루터와 관계되는 많은 이야기가 있다.

아이제나흐: 바르트부르그
독일의 역사적인 사건이 이루어 진 곳

적어도 이곳의 경치는 정말 아름답다. 루터는 공식적으로 융커 요르그란 이름으로 바르트부르그로 이송되었고 이곳에서 신변 보호를 위해 숨어 지내야 했다.

누가 누구를 신변 보호한단 말인가?

위험한 단어 신변 보호. 독일 나치즘에서도 범법자들과 강제 포로 수용소와 연관지어 신변 보호라는 단어가 자주 등장한다. 루터는 실제로 바르트부르그에서 황제가 판결한 추방령을 피해 신변보호를 받았다. 놀라운 것은 황제의 영을 어긴 작센의 선제후 프리드리히 현자의 용기이다.

정작 루터는 이곳에서 아름다운 풍광을 자주 즐기지는 못한 것 같다. 왜냐하면 그는 바르트부르그에 어쩔 수 없이 10개월을 숨어 지내야했으며 이 기간 동안 신약성경을 라틴어에서 독일어로 번역했기 때문이다. 다행스럽게도 지식인들을 위한 어려운 독일어가 아닌 평민들이 쓰는 "구어로"(aufs Maul) 옮겨 놓았다. 이것이 루터의 업적 중 가장 뛰어난 업적으로 꼽힌다. 가끔 식 루터는 바르트부르그를 떠나있기도 했다. 그는 자신을 하나님 앞에 자유로운 사람으로 세웠다. 세상의 제후들이 줄 수 없는 안전을 하나님으로부터 받는다고 느꼈다.

바르트부르그는 독일역사의 산 증인이다. 구전에 의하면 루드비히 데어 슈프링어(Ludwig der Springer) 백작이 1067년에 바르트부르그를 건축하면서 문지기란 뜻의 "Wart"와 산이란 뜻의 "Berg"이 합하여 명명하면서 "너는 나에게 요새일지라"라고 선포했다고 한다. 12세기 외곽 지역에 만들어진 이 성은 궁궐 건축술의 가장 중요한 건축물이 되었다. 독일이 낳은 유명한 음악가 발터 폰 데어 포겔바이데(Walter von der Vogelweide)와 볼프강 폰 에쉔바흐(Wolfgang von Eschenbach)의 전설적인 노래 경연이 이루어진 곳이기도 하다.

1777년에 바흐도 바르트부르그에서 서너 주 머물렀다. 1817년에는 500명의 학생들이 바르트부르그 축제에 모였었는데, 이것이 독일역사상 최초로 이루어진 민주적 시민 집회이다. 이때 "조국의 자유를 위해"라는 기치 아래 독일민족의 통합을 위해 싸웠다. 19세기 중반에는 리차드 바그너가 바르트부르그를 보고 그의 유명한 오페라 "탄호이저와 바르트부르그에서의 노래 경연"(Tannhäuser und der Sängerkrieg auf der Wartburg)의 영감을 받았다고 한다.

아이제나흐에서 바르트부르크까지는 4킬로미터 정도다. 도로 B19를 타고 카르트하우스 가르텐(Karthausgarten)까지 와서 바르트부르크 대로(Wartburgallee)쪽으로 빠져나오면 된다. 자가 운전자를 위한 큰 주차장이 있다. 주차장에서 바르트부르크 성까지 20분 정도 걸어 올라가야 한다.

1521
5월부터 1522년 3월까지 바르트부르크에서 마틴 루터는 융커 요르그로 지냈다.

24 아이제나흐: 루터의 바르트부르그
잉크 자국을 보러 사람들이 모이는 곳

한 가지 때문에 명성을 얻는 곳이 있다. 바로 바르트부르그에 있는 루터의 작업실이다. 검증되지 않은 이야기들이 역사적인 장소들과 연관되어 회자된다. 오늘날 바르트부르그를 방문해보면 바르트부르그 성의 여러 시설들이 루터시대의 것이 아니라는 것을 어렵지 않게 알 수 있다. 그러나 성을 두르고 있는 자연경관은 그 시대 그대로이다.

우리 선조들은 오늘을 사는 우리들보다 단순했다. 그들은 모든 것을 의심 없이 믿었다. 루터의 작업실에 남겨진 잉크 자국도 그대로 믿었다. 루터 자신이 이렇게 말했다. "성경 번역 작업 중 사탄이 나에게 나타났다."

그 다음은 누군가가 그때 루터가 사탄을 향해 잉크통을 던졌다고 덧붙였다. 던진 잉크통이 벽에 맞아 깨어졌고 거기에 큰 잉크 자국을 남겼다. 실제로 그 당시 이 잉크 자국을 본 사람은 아무도 없었다. 왜냐하면 이 이야기가 나온 것은 17세기이기 때문이다. 그 이후로 사람들은 종교개혁가 루터가 잉크통으로 사탄과 맞서 싸웠다고 여기고 상상했다.

벽에 발견된 자국은 거스름 자국으로 밝혀졌는데, 그 당시는 벽난로가 사용되었기 때문이다. 그러나 루터 추종자들은 여전히 잉크 자국이라고 믿었다. 사람들은 구름떼처럼 바르트부르그로 몰려와 벽에 있는 자국을 긁어 부스러기를 받아갔다고 한다. 당시에는 거룩한 성물이 대유행이었다. 그리고 많은 사람들이 과거에 대한 그리움을 가지고 있었다. 그러나 이런 행위 때문에 벽에는 구멍이 생기게 되었다. 루터가 사용했던 책상도 이와 같이 조금씩 조금씩 사람들이 떼어가서 결국은 책상이 사라져 버렸다.

오늘날 이 잉크 얼룩에 대해 다시 상기시키고 잉크 얼룩이 묻은 조각을 포장해서 기념품으로 판다면 좋은 사업 아이템이 될 수도 있을 것 같다. 그러나 이것은 그냥 단순히 나의 생각에 지나지 않으니 진지하게 받아드리지 않으면 좋겠다.

어쨌든 루터의 작업실은 그 자체가 참으로 뜻이 깊다. 여기는 루터가 서서 혹은 앉아서 일했던 곳이다. 잉크 얼룩이 있었던 없었던 상관없이 말이다.

바르트부르그에는 호텔이 하나 밖에 없다. 소수의 사람들만이 하룻밤 자는 것이 가능하나, 이곳을 방문하는 모든 사람은 이 호텔 커피숍에서 한 잔의 커피와 함께 아름다운 경치를 즐길 수 있다.

1521
루터가 잉크통으로 사탄을 향해 던진 그 역사적인 날은 8월 중의 어느 날이었을 것이다.

아이스레벤
"루터"의 도시

아이스레벤은 1946년에 루터의 도시로 명명되는 영광을 얻었다. 어떤 사람들은 아이스레벤(Eisleben)을 "종교개혁의 베들레헴 또는 예루살렘"이라 하기도 한다.

이미 문헌상에 994년으로 도시의 이름이 언급되어져 있으며 1180년부터 도시로 승격되어 도시 방벽을 갖추고 있었던 것으로 알려진다. 아이스레벤 시민들은 의식 수준이 높았으나 백작 만스펠드의 통치하에 있었기 때문에 완전한 시민 사회를 이루지는 못했었다. 아이스레벤은 부유한 광산 지역이다. 1200년대에 구리 광산 산업이 만스펠드가(家)의 땅에서 발달하기 시작 했다. 이로 인하여 사람들이 모여들어 살기 시작했고 수도원과 교회들이 지어지기 시작했다.

이 때에 바로 마틴 루터의 부모도 아이스레벤에서 잠시 살았었다. 루터의 아버지 한스 루더가 이곳에서 광부로 자리를 잡았을 즈음 1483년 11월 10일에 마틴 루터는 아이스레벤에서 태어났다. 그러나 바로 루터의 가족은 이웃 지역인 만스펠드로 이사를 하게 되고 이곳에서 루터의 아버지는 구리 광산과 제련업을 통해 부를 축적하게 된다. 어떤 사람은, 루터가 우연히 아이스레벤에서 태어났다고 말할 수도 있다. 그러나 어느 좌담에서 마틴 루터는 확신 있게 다음과 같이 말했다.

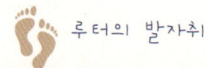

"나는 아이스레벤 사람이다."

만스펠드 백작과 루터 가문은 매우 친밀한 관계에 있었다. 따라서 루터가(家) 사람들은 아이스레벤의 신시가지 설계에 대해 미리 잘 알고 있었다. 1511년에 백작 알브레흐트 4세 폰 만스펠드는 광산과 제련소 종사자들이 정착하여 살 수 있는 아이스레벤의 신시가지 건설계획과 발전 방안을 발표했다.

그러나 여기에 만스펠드 가문의 두 형제의 의견이 일치하지 않았고 이 두 사람의 싸움을 중재하기 위해 루터는 1546년에 가슴 통증이 있었음에도 불구하고 아이스레벤을 들르게 된다. 이 싸움을 중재한 루터는 말했다.

"우리는 오늘 총이나 창 없이 전쟁보다 더 어려운 난제인 신시가지 건설문제를 해결했다."

그 후로도 이 문제에 대해 오랜 논쟁이 있었다. 원수가 된 백작 가문의 두 형제인 게르하르드와 알브레흐트는 결국 루터의 도움으로 합의에 이르게 되지만 이것은 오래가지 못했다. 중재자로 애썼던 루터는 실망했고 좌절했으며 나아가 여기에 가담한 법학자들에게 분노했다. 이 문제 외에 루터는 아이스레벤에 머무는 동안 건강하게 보였다. 그는 담석증을 앓고 있었는데, 그렇게 심하지는 않았으며 그의 주인

예수님처럼 "먹고 마시는 것"에 기뻐하고 감사했다. 매 끼니마다 1리터 정도의 라인팔트 포도주가 나왔다. 나중에는 두 백작 형제의 싸움은 결국 합의에 이르렀지만 루터의 건강 상태는 당시 살고있는 집으로 돌아가는 것을 허락하지 않았다. 그는 1546년 2월 18일에 아이스레벤에서 숨을 거두었다. 이렇듯 그의 죽은 장소도 어쩌면 우연히 아이스레벤이 되었다고도 할 수 있을 것이다.

역사가 보여주듯 아이스레벤에 많은 루터 관련 유적지가 있다는 것은 놀랄만한 일은 아니다. 세미나 거리(Semanarstasse)에 위치한 **루터가 태어난 집(Geburtshaus)**, 아름다운 목골 건축. 1689년에 도시에서 일어난 화재로 원래 이 집은 소실되었다. 이후 아이스레벤 시는 이 가옥이 있던 땅을 사들여 가난한 사람을 위한 학교를 세워 루터를 기념하였다.

오늘날 이곳은 박물관으로 만들어져 1년 내내 전시가 이루어지고 있다. 이곳 전시관에서는 종교개혁가 루터의 혈통과 루터 아버지의 광산업, 중세시대의 삶의 모습과 루터의 세례에 대해 전시되고 있다. 중요한 전시물로는 1518년에 사용되었던 세례반이 있다. 그리고 그 당시의 가구들과 도구들을 재현하여 둔 루터의 집 모습도 흥미롭다.

당연히 루터가 숨을 거둔 **상가(喪家, Sterbehaus)**도 있다. 그러나 실제 이 집은 루터가 죽었던 그 집은 아니다. 루터가 죽은 그 집터에는

박물관이 있다. 이 박물관에는 "루터의 마지막 길"이라는 전시가 열리는데, 종교개혁가 루터의 아이스레벤으로의 여행길과 죽기 며칠 전 아이스레벤에서의 동선을 표시하고 있다.

성 안드레아스교회(St. Andreaskirche)는 루터가 가장 사랑하는 교회이다. 그가 2월 18일 죽기 직전에 그의 마지막 네 편의 설교를 이 교회에서 했다.

그 외 인상적인 교회는 **성 안넨교회(St. Annenkirche)**로 독일 전역에 있는 르네상스 양식의 교회 중 가장 아름답다. 이 교회는 돌에 성경을 그림으로 조각한 것으로 아주 유명한데, 이 돌은 사암으로 1584년에 제작된 것이며 구약의 내용을 그림으로 조각하여 놓은 것이다. 만스펠드의 종교개혁가 카스파 귀텔(Caspar Güttel)은 성 안넨교회를 만스펠드 전역에서 가장 처음으로 개신교화된 교회라고 칭했다. 이 곳에서 가장 최초의 개신교학교도 세워졌다.

성 패트리-파울리 교회(St. Petri-Pauli-Kirche)는 1483년 11월에 루터가 세례를 받은 곳인데 오늘날은 세례시 전신이 물에 잠기는 세례를 받을 수 있는 세례 장을 갖추고 있는 곳으로 유명하다. 이곳에서의 세례는 새로운 경험이 될 것이다. 약 25,000명의 시민이 오늘날 역사적인 분위기를 가진 아이스레벤에 거주하고 있다.

25 아이스레벤: 성 안드레아스교회
루터가 힘 있게 설교하던 곳

가장 사랑하는 교회가 있을 수 있을까?

왜 없겠는가.

루터에게는 아이스레벤에 있는 성 안드레아스교회(St. Andreaskirche)가 그의 가장 사랑하는 교회였다. 루터는 아늑한 공간인 예배당을 사랑했고 그에게 익숙한 아이스레벤의 사투리와 억양마저도 이 교회를 사랑하게 하는 이유가 되었다. 성 안드레아스교회는 그의 바리톤 음성과도 아주 잘 맞았다. 혹 루터의 음성을 모를지라도 루터가 예배당 강단에 서서 설교하면 이를 듣고 열광하며 빽빽이 서 있는 성도들, 남자와 남자, 여자와 여자들 사이에서 그가 어떻게 설교하였는가를 쉽게 상상할 수 있다. 당시 교회에는 의자가 없었다.

시장 광장에 서 있는 이 교회는 오래된 역사 도시인 아이스레벤을 압도하는 건축물이라 할 수 있다. 교회에는 15세기에 차례대로 만들어진 후기 고딕 양식의 세 개의 종탑이 있다. 이 우뚝 선 종탑들은 아이스레벤의 힘을 상징한다. 오늘날의 종탑의 모습은 1723년에 비로소 완성되었는데, 교회 종탑시계와 세 개의 종이 달려있다.

더 인상적인 것은 삼랑식 고딕 양식의 큰 공회당이다. 넓은 예배당과 성가대실은 안장모양의 지붕으로 연결되어 있다. 아치형 천장과 높은 측면 예배당과 중앙예배당의 십자가형 지붕이 교회 전체를 이루고 있다. 루터는 이 교회에 두 명의 목사를 세웠으며 1546년 1월 31일에서 2월 15일 사이에 네 번의 생애 마지막 설교를 했다. 그리고 2월 19일 숨을 거둔 종교개혁가 루터는 할레(Halle)를 거쳐 비텐베르그(Wittenberg) 궁성교회(Schlosskirche)로 옮겨지기 전에 이 교회에서 입관되었다.

안드레아스교회는 만스펠드 백작 가문이 세운 교회이다. 따라서 많은 유명한 무덤과 비석들이 있다. 성자들의 초상화와 아라베스크문양으로 장식된 이 교회의 강단은 루터의 강단이었다. 100년 전만해도 루터의 강단에는 1년에 4번만 설교가 이루어졌다. 루터탄생일, 루터가 소천한 날, 종교개혁일, 아우구스부르그 신앙고백 기념일 이외에는 이 강단이 아니라 측면에 위치한 발코니에서 설교가 이루어졌는데, 이 발코니는 1877년 철거되었다. 강단의 계단이 좀 더 안락하게 바뀐 것 말고는 모두 루터 당시 그대로이다.

성 안드레아스교회는 시장 광장에 서 있으며, 오래된 도시 아이스레벤 전체를 압도한다. 안드레아스 광장에 교회로 들어가는 입구가 있다. 시장 광장 쪽으로 교회의 후면이 뻗어져 나와 있다. 시장 광장에는 마틴 루터 동상도 서 있다.

1546
루터는 만스펠드 백작 가문의 분쟁을 중재하기 위해 아이스레벤을 들르게 된다. 여기에서 결국 생애 마지막 설교를 했다. 이 네 번의 설교는 정말 강력하고 은혜로웠다.

26 아이스레벤: 루터 상가(喪家)
루터의 죽음을 기리는 곳

이 집은 안드레아스 광장 7에 위치해 있고 2층짜리 건물로 경사가 급한 안장모양의 지붕을 이고 있는데, 아이스레벤 시는 1862년에 이 건물을 취득하게 되었다. 연대기 역사학자 유세비우스 프랑케(Eusebius Franke)가 1726년에 바르텔 드라흐슈테트(Bartel Drachstedt) 소유의 집을 그의 아버지인 필립 드라흐슈테트(Philipp Drachstedt)의 집으로 혼동하여서 루터가 숨을 거둔 곳이 안드레아스 광장 7에 있는 이 집으로 착각해왔다.

그러나 오늘날 역사학자들은 1546년 2월 18일에 루터가 숨을 거둔 집은 당시 시 서기였던 요한 알브레히트(Johann Albrecht)가 살았던 마크트(Markt) 56에 위치한 집이라는 것에 이견이 없다. 오늘날 역사적으로 중요한 이 집은 "백작 만스펠드"(Graf Mansfeld)라는 이름의 호텔이 영업 중이다. 당시 이 집은 루터의 오랜 친구인 바르텔 드라흐슈테트의 소유였으며 루터는 이 집에 손님으로 종종 머물렀다고 한다. 오늘날 이 호텔은 이런 슬로건을 내걸고 영업 중이다.

"1501년부터 지금까지 마음으로 손님을 대접한 곳."

안드레아스 광장 7에 위치하는 건물은 실제 루터의 상가(喪家, Sterbehaus)는 아니지만 "루터의 상가"라는 테마로 묶여 박물관으로 운영되고 있다. 루터는 1546년 1월 28일에 만스펠드 백작 가문 형제들의 싸움을 중재하기 위해 아이스레벤으로 달려왔었다. 당시 벌써 루터는 건강 상태가 좋지 않아 매우 쇠약해져 있었던 것으로 보인다. 그렇지만 그는 자신이 해야 할 일을 외면하지 않고 끝까지 이 싸움을 성공적으로 중재한다. 아이스레벤에서 2월 17일에서 18일로 넘어가는 밤에 마틴 루터는 62세의 나이로 숨을 거두었다.

2년 정도 걸려 이 건물은 완전히 수리되었고 건축학적인 정교함은 아쉽지만 현대적인 콘크리트 새 건물도 보강되어 지어졌다. 내부는 루터가 죽기 전의 늙고 외로운 마지막 삶에 중점을 두어 전시하고 있다. 이곳은 인상적인 유적지 중의 하나이다. 루터가 남긴 메모에서 루터의 생각을 엿볼 수 있다.

"우리가 이 세상에 와서 할 수 있는 최선은 선을 행하고 기뻐하고 즐거워하며 그리고 참새들이 지저귀는 소리를 듣는 것이다."

루터의 죽음을 기리는 박물관을 방문하고 나서 실제 루터가 숨을 거둔 상가를 방문해 보는 것도 좋다. 이곳은 앞에 언급한 바와 같이 호텔로 여기에서 커피 한잔을 하며 루터에 대한 생각에 잠겨 보는 것도 좋으리라.

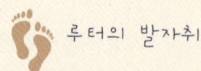

루터 상가 박물관은 시장 광장 위쪽에서 성 안드레아스교회 반대편에 있다. 거기에서 좀 내려와서 시장 광장 아래쪽에는 공식적으로 인정받은 루터의 상가(喪家) "호텔 백작 만스펠드"(Hotel Graf Mansfeld)가 서 있다. 루터와 관련된 많은 것이 있는 장소이다.

1546
죽음의 밤은 2월 17일에서 18일사이의 밤이었다. 그는 그의 친구 드라흐슈테트의 집에 머물렀다. 이 집은 오늘날 "호텔 백작 만스펠드"로 영업 중이다.

27 아이스레벤: 성 페트리-파울리 교회
세례가 이루어 진 곳

마틴 루터에게는 세례에 대한 기억이 유혹과 시험의 기간을 보낼 때마다 다시 힘을 얻을 수 있는 결정적인 역할을 하였다.

"나는 세례 받았다!"(Baptizatus sum!)

그의 부모는 잠시 아이스레벤의 친척집에 머물렀으니 마틴은 여행 도중 태어났다고 해도 과언이 아니다. 마틴 루터는 오늘날 마틴 루터 기념일인 11월 11일 성 페트리-파울리 교회(St. Petri-Pauli-Kirche) 주교 바돌로매 렌브래혀(Bartholomäus Rennbrecher)에 의해 세례를 받았다. 여기에 대한 기록은 남아 있지 않는데, 당시에는 교회에 세례에 대해 기록하는 것이 보편적이지 않은 시기였다.

성 페트리-파울리 교회는 1333년에 문헌상에 등장하는데 당시에는 페트루스교회(Petrus-Kirche)라고 명명되었다. 1367년 이후로 교회와 교구는 사도 바울을 두 번째 수호자로 얻으면서 이름이 성 페트리-파울리 교회로 바뀌었다. 15세기에 건물의 보수가 시작되었고 서쪽 종탑은 1474년에 완성되었고 교회 본 건물은 1513년에 보수가 끝났다. 따라서 루터가 정확하게 지금의 모습 그대로인 교회에서 세례를 받은 것은 아니지만 이 곳에 서 있는 이 교회에서 인 것은 틀림이 없다.

성 페트리-파울리 교회는 단순하고 소박하지만 삼랑식 할렌교회로 매우 인상적인 교회 건물이다. 교회 중심에는 2010년에서 2012년 새롭게 보수된 중앙 예배당 바닥에 세례 장이 있다. 세례식장 가장자리는 전체 교회 내부와 세례의 기억을 상징화시키는 타원 모양으로 설계되어져있다. 그 옆에는 눈에 띄지 않는 신 고딕 양식의 세례반이 서 있다. 세례반의 가장자리에 쓰여 있는 문구는 다음과 같다.

"하나님의 사람 마틴 루터가 1483년에 세례를 받은 세례반의 일부이다."

원래 원본 세례반은 1486년 보수 공사 때 교회에서 사라졌다가 18세기에 다시 발견되었다. 이 교회는 오늘날 세례라는 주제로 유명한 교회며, 성인들이 세례를 받을 수 있다. 루터는 그렇게 오래 아이스레벤에 산 것은 아니나, 그는 항상 그의 세례를 기억했으며 이렇게 고백했다고 한다.

"나의 고향은 아이스레벤이다"(Mein Vaterland war Eisleben).

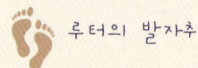

위엄 있는 패트리교회의 종탑은 한 눈에 알아 볼 수는 없다. 왜냐하면 교회가 오늘날 주택으로 둘러싸여 있기 때문이다. 자동차 운전자가 이 교회를 찾으려면 유일한 진입로가 세미나 거리(Seminarsrasse)이다. 이 도로는 루터의 생가를 지나며 교회는 페트리키르히 광장(Petrikircheplatz)에 있다.

1483
11월 11일 루터는 오늘날의 모습으로 개축되기 전 패트리교회 건물에서 세례를 받았다.

28 에어푸어트: 어거스틴수도원
루터가 잠잔 곳

오늘날 우리도 루터가 잠 잔 곳에서 숙박할 수 있다. 숙박할 수 있는 방은 루터가 경험했던 것보다는 훨씬 안락하다. 에어푸어트(Erfurt)와 특히 어거스틴수도원(Augustinerkloster)은 마틴 루터의 영적인 고향이라 할 수 있다. 그는 1501년에서 1505년까지 그 당시 가장 유명했던 이 지역 대학에서 7개의 과목을 공부하는데 전념했다. 시대마다 있었던 그 시대의 기본 소양 과목과 루터의 아버지의 소원대로 법률 과목들을 공부했다.

그러나 그는 회고 중에 언급한 바와 같이 1505년 7월 17일에 수도원 정문 앞에서 (나중에 이 문 이름은 루터의 이름을 따라 불려졌다) 에어푸어트 어거스틴수도원의 수도사로 받아 줄 것을 간청했다. 수도원에 들어가서는 신학을 공부했다. 어거스틴파의 수도사 생활은 젊은 구도자인 루터에게 필요한 곳이었다. 일상의 삶은 엄격하게 정해진 규율에 의해 이루어졌고 개인적인 자유는 없었으며 영적이고 금욕적인 수행과 힘든 공부로 이어졌다. 그는 1507년에 대성당의 사제로 임명을 받는다. 1511년까지 수도원의 수도승으로 지냈다.

어거스틴수도원은 1227년에 세워졌다. 수도원의 소유권이 1559년에 에어푸어트 시로 넘어갔다. 수도승들은 이곳을 떠났다. 원인을 제공한 사람은 바로 루터 자신이었다.

에어푸어트 시민들에게는 불행의 날인 1945년 2월 25일에 영국의 폭탄 투하가 이루어졌고 그때 수도원 지역도 같이 공격을 받았다. 공중 폭격에 두꺼운 수도원 벽도 힘없이 허물어졌다. 완전히 초토화된 곳은 반공호로 지정되어진 도서관 건물이었다. 사람들은 이곳에 숨었으며 안전하게 살아남을 수 있을 것이라 여겼을 것이다. 그러나 대피한 267명의 사람들이 이곳에서 모두 죽었으며 유일하게 7살짜리 소녀만 살아남았다. 이 건물의 지하 대피소는 훗날 죽음의 지하실로 불려졌다.

그 이후로 도서관 건물의 지하는 침묵의 공간으로 거듭났다. 그리고 이곳에서 한 때 머물렀던 루터와 나중에 전쟁의 희생양이 되었던 267명의 사람들, 모두 다 하나님을 의지했던 공통점을 가진 이 사람들을 생각하며 숙연해지는 곳이다. 국제적인 기구인 나겔크로이쯔게마인샤프트(Nagekreuzgemeinschaft)에서 수여한 십자가가 세워져 있다.

수도원은 아우구스티너 거리(Augustinerstrasse) 10에 위치해 있다. 제때 예약만 하면 역사적인 이곳에서 하룻밤 잘 수도 있다. 이곳은 에어푸어트의 중심지에 있다.

1505
이 해에 마틴 루터는 수도원에 들어왔다. 4년 동안 이 수도원에서 지냈다.

 에어푸어트: 회당
유대인이 잊혀 진 곳

루터는 유대인에게 우호적이지 않았다. 그가 유대인을 향하여 한 말은 심하기까지 하다. "유대인은 위험하고 심하게 복수에 불타고 음흉한 독사 같으며 살인자요 사탄의 자식이다."

독일의 어두운 시대를 잘 견뎌내고 살아남은 유대인 회당이 이곳에 있다. 이 회당(Synagoge)은 몇 안되는 중세시대의 회당으로 기초로부터 지붕까지 보존되어있는 유럽에서 가장 오래된 회당이다. 건축자재로 쓰인 목재를 분석해보면 부분적으로 1094년도에 만들어진 것도 있다고 한다. 그러나 회당의 건축은 1100년도 정도에 시작되었다. 오늘날 남아있는 모습은 눈으로 봐도 알 수 있듯이 1270년대 건축이다.

1998년에 회당 근처에서 유대인 유물들이 발견되었는데, 모든 예술역사학자들이 감탄을 할 정도로 중요한 유물이라 "유대인의 보물"이라 일컫는다. 이것은 발견된 유물 중 가장 최상급으로 유럽 중세시대의 최상급 보물이라고 한다. 이 유물은 2009년 10월부터 회당에 전시되어있다. 그리고 2007년 여름에 이곳에서 가까운 곳에서는 유대인의 정결풍습인 미크베(Mikwe)가 발견되었다. 그 외에도 다른 많은 유대인들을 기념하는 유물과 유적이 있다. 따라서 에어푸어트는 오늘날 독일에서 가장 많은 유대인 문화를 발견할 수 있는 곳이다.

지금 이 역사 이야기는 비극이면서 또 한편으로는 다행인 면도 있다. 250년 동안 유대인들은 한 번도 이 건물을 예배를 위해 사용해보지 못했다. 1349년 소수 민족 박해 때 에어푸어트의 모든 유대인은 죽임을 당했다. 그 이후로 아무도 회당을 돌보지 않았으므로 이곳은 창고 건물로 사용되었다. 19세기 말에는 무도회장으로 사용되기도 했다. 중간을 잇는 지붕이 만들어지고 증축과 부속시설이 만들어졌으며 지하 창고도 만들어졌다. 누구도 이 건물을 회당으로 알아 볼 수가 없게 되었고 이 건물의 원래 용도에 대해 기억하고 있지 않았다. 회당은 에어푸어트 시민들의 의식 속에서 지워져 있었다. 따라서 불행 중에 다행으로 훼손되지 않고 독일 나찌시대를 이겨내었다. 그래서 오늘날 이 건물은 다른 도시들이 에어푸어트를 부러워하는 소중한 문화유산으로 남아 있다.

* 미크베는 신약시대 유대인들이 살던 곳에서 흔하게 발견되는 정결 의식을 행하던 터이다. 물에 사람이 잠겼다가 나오면서 정결케 되는 것으로 미크베 내부는 여러 번 두껍게 회칠해 방수가 되도록 했다. 계단과 몸을 담그는 욕조 두 부분으로 이루어져 있다.-역주

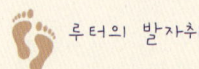

오래된 회당은 바게길(Waagegasse) 8에 위치한다. 이곳은 박물관이며 전시관으로 사용되고 있다. 미크베는 크로이쯔길(Kreuzgasse)에 있다. 또 볼만한 곳으로는 작은 규모의 회당이 안데어 슈타트뮌쩨(An der Stadtmünze) 4-5에 있는데 오늘날은 만남의 장소로 사용되고 있다. 오래된 유대인의 무덤은 중세의 무덤양식으로 키리아크 거리(Cyriakstrasse)에 있다. 또 다른 회당이 있는데 이 곳은 유리-가가링-링(Juri-Gagaring-Ring) 16에 있다.

1349

소수 민족 박해로 인하여 에어푸어트의 유대인들은 모두 목숨을 잃었다. 그후 회당은 다른 용도로 사용되어졌다.

30 에어푸어트: 대성당
하나님의 대변자가 거주하던 곳

에어푸어트는 교회 내 영적인 질서와 세상 정치 권력의 1번가라 할 수 있다.

어떻게 이 사실을 증명할 수 있는가?

바로 대성당(Dom)이다. 대성당이 처음 세워진 때는 이미 8세기경이었으며 당시 독일 주교가 거주했던 곳이다. 문헌상으로는 1117년에 성 마리엔교회(St. Marien)로 등장한다.

대성당은 엄청나게 규모가 크고 숨이 멈출 정도로 아름다우며, 순수 고딕 양식이다. 대성당 내부에 들어가면 저절로 시선이 성화에 고정되는데, 이 성화는 후기 고딕 양식의 유리창과 벽에 돌아가면서 그려져 있다. 이 성화들은 높이 18.6미터, 폭 2.6미터의 대작으로 1370년과 1420년 사이에 그려진 것이다. 그중 가장 아름다운 것은 13번에서 15번 창문에 그려진 그림으로 세기를 넘기며 오랜 시간이 걸려 그려진 그림으로 오늘날도 감탄을 금할 수 없다.

여유를 가지고 대성당 전체를 돌아보면 입을 다물 수가 없을 정도로 아름답다. 시간을 잘 맞추면 오르간 연주를 들으며 실내를 감상할 수도 있다. 대성당의 유명한 것 중에 하나는 2.56미터 직경의 대성당 종으로 전 세계에 남아있는 중세시대 종으로는 가장 크다. 당시의 에어푸어트 대성당의 종지기에게는 엄청난 힘든 일이었을 것이다.

역사서에 의하면 점점 더 많은 성도들이 대성당으로 몰려들어 대성당을 매번 증축해야만 했다고 기록하고 있다. 그러나 이것은 대성당 바로 옆에 있던 세버리교회(Severikirche)가 조금씩 증축을 하고 현대적으로 개축을 하자 경쟁적으로 성도를 잃지 않기 위하여 규모를 키웠다는 시각도 있다. 증축을 위한 공간을 확보하기 위해 대성당의 동편 부분을 인위적으로 넓히기도 했다. 이 증축 공사 때 넓혀진 동편 아래 부분을 카바텐(Kavaten)이라고 불렀다.

중세시대부터 근대까지 이 카바텐 부분은 집들로 채워져 있다가 19세기에 다시 철거되었다. 그렇다면, 대성당과 루터는 어떤 연관이 있는가?

이곳은 종교개혁의 뿌리라고 할 수 있다. 루터는 1507년에 이곳 대성당에서 사제의 서품을 받았다. 이와 동시에 바로 신학공부를 시작했고 1512년에 비텐베르그에서 신학박사 학위를 받게 되었다. 그가 대성당에서 강의를 한 적도 있다. 가장 중요한 사실은 루터는 신학을 공부하면서 자신을 가르치는 대 스승에게 항상 질문을 던지며 공부했다.

대성당은 도시 중앙에 있는 돔 광장(Domplatz)에 위치한다. 돔 광장에서 바라보는 대성당의 모습은 정말 아름답다. 광장 왼쪽에는 대성당이, 오른쪽에는 세버리교회가 우뚝 서 있다. 대성당은 꼭 방문해 볼만한 곳으로 독일 전체에서 가장 중요한 고딕 양식 성당이다.

1507
루터는 대성당에서 사제의 서품을 받은 후 신학 공부를 시작했다.

31 게오르겐탈: 치스터친저수도원 폐허 유적지
슈팔라틴이 가르친 곳

꽃 한 송이조차 남아 있지 않다. 12세기에 수도승과 수녀들은 게오르그(Georgberg) 산 속에 수도원을 만들었고 나중에는 수도원을 산의 골짜기로 옮겼다. 여기에서 이 수도원의 수도승과 수녀들은 독일에서 가장 완벽한 수도원 시스템을 만들려고 했다. 그러나 오늘날은 이 모습을 더 이상 알아 볼 수 가 없다. 수도회는 열심히 일 했고 어느 정도의 재산과 명예를 갖추게 되었다. 역사 연대기 기록자는 1505년에서 1508년 사이에 슈팔라틴이라 불리웠던 신학자이자 인문학자였던 게오르그 부카르트(Georg Burkhardt)가 성 게오르그수도원에 선생으로 있었다고 기록하고 있다.

종교개혁과 함께 수도원의 번성시대는 저물어갔다. 1525년에 농민 봉기 때 수도원의 재산은 몰수되었고 수도사들은 쫓겨났다. 쫓겨난 그들은 고타(Gotha)에 있던 어거스틴수도원에서 다시 새로운 보금자리를 찾았다. 종교개혁은 치스터친저수도원(Zisterzinserklosters)에게는 불행한 사건이었다. 수도원이 있었던 지역에는 사람들이 살지 않게 되었고 농부들이 수도원에 사용되었던 건축돌을 빼가게 되면서 낭만주의 양식의 수도원 건물은 빠르게 훼손되어 이제 더 이상 흔적을 알아볼 수 없게 되면서 사람들의 기억 속에서 사라져버렸다.

고타의 공작 에른스트 프롬메(Herzog Ernst der Fromme von Gortha)는 1600년대에 수도원 건물 중의 하나를 여름 별장으로 개축하였다. 흥미로운 것은 1792년에서 1794년에는 사무엘 하네만(Samuel Hahnemann)에 의해 이곳이 정신질환자에게 동종요법을 시술하는 최초의 정신병원시설로 사용되어졌다는 것이다. 19세기에 들면서 사람들이 이 폐허 유적지에 관심을 가지게 되었고 1840년부터는 이곳을 보존하게 되었다.

수도원 폐허 유적지 근처를 산책하다보면 클로스터 거리(Klosterstrasse)를 따라 이 지역의 역사를 엿볼 수 있다. 클로스터 거리에는 옛날에는 숙박시설로 사용되어졌던 로제뜨 돌(Steinrosette)로 아름답게 지어진 곡식 창고와 여기서 조금 떨어져있는 유령의 집도 보이는데 과거에는 감옥으로 사용되었다가 요술이나 마술 등의 공연장소로 쓰였던 것으로 보인다. 그리고 이 골짜기 근처에 사는 농부들이 수도원 시절 예배를 드리는 장소로 사용했던 성 엘리자베스교회(St. Elisabethkirche)도 있다.

* 병균이나 바이러스 등의 병원체 대신 자연에서 추출한 자연 물질을 희석시켜 복용함으로 면역력을 증강시킬 수 있다는 치료법으로 대체 의학으로 일부 인정되고 있다-역주.

도로 B88을 타고 가면 게오르겐탈(Georgenthal)의 중심에 도착할 수 있다. 슐로스 광장(Schlossplatz)의 중심부에 성 엘리자베스교회가 있다. 오른쪽으로 가면 곡식 창고가 있다. 왼쪽으로 돌아가면 수도원의 폐허 유적지가 보인다.

1505
1508년까지 슈팔라틴이 성 게오르겐수도원의 교사로 있었다.

32 그난드슈타인: 성곽
진정한 종교개혁의 지지자가 살았던 곳

13세기 시대의 위엄 있는 성곽(Burg) 앞에 서면 입을 다물 수가 없다. 이 성곽은 작센 지방에서 가장 잘 보존되어 있는 낭만주의 양식의 방어용 산성이다. 방어 군사시설과 산성은 오늘날의 시각으로 봐도 정말 훌륭하다. 이 산성에 있는 예배당은 1501년에서 1503년 사이에 지어진 3개의 날개 제단을 가진 후기 고딕 양식 건축물로 종교개혁의 가교 역할을 하였고 이 건물의 소유주는 15세기 초에서부터 1945년까지 아인지델 가문(Familie von Einsiedel)이었다.

이런 산성의 소유주라면 엄청난 권력을 가지고 있었을 것이라 짐작되지만 그들의 힘은 한계가 있었다. 아인지델 가문은 종교개혁에 대해 열린 마음으로 지지한 첫 작센 지방의 귀족 가문이었다. 그러나 이로 인하여 작센 주의 영주였던 게오르그 공작 가문과 충돌을 일으켰는데 게오르그 공작은 가톨릭 신자였고 보수적이었다. 산성과 그 주위 그난드슈타인(Gnandstein) 마을은 알버트 가문 지역으로 라이프치히 지방에 속해져 있었으므로 작센 주의 가톨릭 교구였다. 아인지델 가문은 1527/28년 사이에 그들의 "이단적인 믿음"을 버리고 개신교 설교자들을 쫓아내야만 했다. 그들은 나름 항의도 해보았지만 이후로 더 이상 예배당 지역은 소유할 수 없었다. 1539년 작센 주의 영주 게오르그 백작이 죽자 작센 전 지역에 복음의 소리가 울려 퍼졌다. 개신교 설교자들은 다시 돌아왔다. 루터의 가르침은 다시 풍성한 열매를 맺기 시작했다.

아인지델 가문의 하인리히 힐데브란드는 농민 전쟁 이후 징병제에 대해 문제를 제기했다. 그리고 징병제 대신 모병제를 도입한다. 그와 루터 사이의 서신 교환을 보면 여기에 대한 토론을 엿볼 수 있다. 루터는 편지에서 **"강제가 아니면 농부들은 손 하나 꼼짝하지 않을 것이다"**라고 쓰고 징병제 철폐를 반대했다. 그러나 하인리히 힐데브란트(Heinrich Hildebrand)는 자신의 의견을 꺾지 않았다. 그리고 자신의 재산 삼 분의 일을 그의 노복들에게 유언으로 증여한다. 이때 증여된 재산으로 훌륭한 장학재단이 설립되었고 20세기까지 이 재단이 존속되었다. 루터가 반대하긴 했지만 기릴만한 훌륭한 업적이다.

산성을 가려면 도로 B95를 타고 돌젠하인(Dolsenhain) 방향으로 달리다가 코렌-자일즈(Kohren-Sails) 방향의 도르프 거리(Dorfstrasse)로 빠져나오면 된다. 산성 안에는 예배당이 없다. 예배를 드리려면 좀 떨어진 시교회를 가야한다. 시교회에 산성 성주가 묻혀있고 비석이 세워져있다. 시교회의 강대상 발코니의 그림이 아주 인상적이다.

1525
작센 지방에서 첫 사역자가 개신교로 전향했다. 성주이자 개신교 후원자 하인리히 힐데브란트는 마틴 루터의 친구였다.

33 고타: 어거스틴수도원
루터가 처음 유언을 작성한 곳

고타는 작센-고타(Sachsen-Gotha) 지역의 수도이며 루터 도시로도 유명하다. 마틴 루터는 고타를 여러 번 방문하였고 이곳에서 자신의 첫 유언장을 작성하였다. 루터와 가장 연관이 많은 건물은 바로 보다 이전의 어거스틴수도원(Augustinerkloster)이다. 문헌 기록상에는 1258년에 이 수도원에 대한 기록이 처음으로 언급되어있다. 이 기록에 의하면 에어푸어트에 있는 유명한 어거스틴수도원 보다 오래되었다고 할 수 있다. 오늘날까지 잘 보존되어 있는 회랑과 대강당, 제의실은 14세기 중엽의 양식으로 추정된다. 이때가 바로 수도원의 전성기였다. 마틴 루터는 1515년과 1516년에 이 수도원에 감찰 수도사로 있었다. 그리고 종교개혁가로 보름스의회로 가는 중에 이곳에서 설교를 하였다.

종교개혁 이후 처음 부임한 교구 감독자는 프리드리히 미코니우스(Friedrich Myconius)였다. 원래 그는 프란체스코수도원 출신의 수도사로 마틴 루터의 사상에 대해 많은 논쟁을 하는 중에 루터의 사상에 설득되어 종교개혁의 지지자가 되었다. 이 때문에 그는 프란체스코수도회로부터 여러 번 징계를 받았고 1524년에 마침내 수도원 탈출에 성공한다.

루터의 추천으로 미코니우스는 고타의 설교자로 부임했다. 그는 교회를 새롭게 정비하고 특히 학교의 시스템을 새로 고쳐나갔다. 그는 라틴어 학교도 세웠는데, 이 학교는 현재 김나지움이 되었다. 미코니우스는 고타의 모든 영역에 개혁을 단행했다. 그에게 중요한 것은 절제와 인내 그리고 순종이었다. 루터가 죽은 지 한 달 반 후에 프리드리히 미코니우스는 향년 55세로 고타에서 생을 마감했다.

1989년에 수도원과 교회는 평화를 위한 기도의 중심이요, 고타의 평화시위의 출발점이기도 하였다.

2009년부터 수도원은 개신교교회의 만남의 센터(Begegnungszentrum)가 되었다. 가까운 지역이나 먼 지역에서 온 순례자와 나그네를 위해 쉼터를 제공하고 있다. 여기에 머물면 누구나 이 수도원의 평화로운 분위기에 젖어든다.

수도원은 클로스터 광장(Klosterplatz) 6에 위치한다. 이곳은 고타 시의 정 중심부이다. 만남의 센터는 하룻밤 묵어갈 수 있는 좋은 장소이며 고타 시 관광의 첫 시작점으로도 좋다.

1524
루터의 추천으로 미코니우스는 고타에 설교자로 부임했다.

34 고타: 궁성 프리덴슈타인
크라나흐가 사랑에 빠진 곳

역사가들은 루카스 크라나흐(Lucas Cranach)가 고타에서 사랑에 빠졌다고 주장 한다. 물론 고타 시와 사랑에 빠진 것도 맞지만 또 고타의 참사회의원의 딸인 바바라 브랭비어(Barbara Brengebier)와 사랑에 빠졌다는 것이다. 결혼식은 약 1512년에 고타에서 있었던 것으로 추정된다. 브랭비어 가문의 저택은 고타 시 중앙 광장에 보존되어 있다. 이 저택의 이름은 크라나흐의 집으로 되어있다. 나중에는 크라나흐의 딸 우어줄라(Ursula)가 그의 남편과 살았다.

그의 여동생도 작센의 선제후 요한 프리드리히 2세이자 당시 고타 시의 사무국장이었던 크리스티안 브뤽(Christian Brück)과 결혼하여 1555년부터 고타에서 살았다. 그러나 크리스티안 브뤽은 정무적인 일에 적격이지는 않았다. 당시 독일 제국으로부터 추방된 인물인 빌헬름 폰 그룸바흐(Wilhelm von Grumbach)를 고타에서 숨겨준 일에 대한 모든 책임을 져야만 했다. 추방령을 받은 자를 숨겨준 일은 당시에는 사형감이었다. 1567년 황제의 군대가 고타 시를 점령하면서 선제후는 감옥에 수감되었고 그룸바흐와 그의 친구 브뤽은 시장 광장에서 사지가 찢긴 채 죽임을 당하였다. 바바라 브뤽(Barbara Brück, 태어난 이름은 크라나흐(Cranach)은 남편의 죽음과 모든 수치를 이기고 살아남았다. 그들 사이에 나온 딸 바바라는 바이마르(Weimarer) 시장이었던 야콥 슈뢰터(Jacob Schröter)와 결혼을 하는데, 이 족보는 훗날 괴테(Goethe)를 탄생시키는 계보로 이어진다.

17세기에 지어진 궁성 프리덴슈타인(Schloss Friedenstein)은 독일 전체에서 규모가 가장 크고 역사적으로 의미가 있는 궁중에 하나로 루터와 역사에 관심이 있는 사람들에게는 의미있는 곳이다. 이곳에는 공식적으로 인정받은 루터시대의 역사적인 기록물과 23개의 크라나흐의 그림이 보존되어 있다. 가장 탁월한 그림은 **"저주와 구원"**(Verdammnis und Erlöesung)이라는 작품이다. 크라나흐는 이 그림에서 루터 설교의 핵심을 옮겨 놓으려고 했기 때문에 이 그림은 개신교 교리의 핵심으로 손꼽는다. 사람은 하나님 앞에 오직 하나님의 은혜와 예수 그리스도에 대한 믿음으로만 존재할 수 있다.

궁은 파크 대로(Parkallee)와 프리드리히-야콥 거리(Friedirch-Jacob-Strasse) 사이에 위치한다. 따라서 궁 주위로 넓은 주차장이 있다. 궁에서 내려다보면 고타 시 전체가 아름답게 들어온다. 슐로스베르그(Schlossberg)를 따라 앞쪽으로 걸어가면 루카스-크라나흐 거리(Lucas-Cranach-Strasse)가 나오며 크라나흐 집이 있는 중앙 광장에 도착 할 수 있다.

1537
루터는 자신의 첫 유언장을 고타에서 썼다. 여기에 그는 고타에서 묻히고 싶다고 밝혔다.

그래펜하이니헨: 파울-게르하르트 예배당
많은 중요한 개신교 찬송가가 작곡된 곳

"그래펜하이니헨(Gräfenhainichen) 지역에는 별 것이 없는데"라고 생각하는 사람도 있다. 그러나 이것은 잘 모르고 하는 소리이다. 1285년으로 문헌상에 아주 특이한 이름이 언급된다. 하이네(Hayne), 그리고 그라펜알브레히트하인(Gravenalbrechtshayn), 이 두 이름에서 오늘날의 이름인 그래펜하이니헨이 유래되었다. 1607년에 그래펜하이니헨에서 파울 게르하르트(Paul Gerhardt)가 태어났을 때 그가 개신교 루터파 목사가 되어 작곡가로 그래펜하이니헨 출신의 유명한 인물이 될 줄 누가 알았겠는가?

1637년에 30년 전쟁으로 인하여 그래펜하이니헨 시는 완전히 파괴되었다. 파울 게르하르트는 이 전쟁의 폐해를 모두 겪었고 1676년에 죽었다. 그가 지은 노래에서 그가 직접 체험한 것을 엿볼 수 있다. 그는 루터의 지지자이자 개신교 찬송가 작곡가 중에 가장 중요한 사람으로 139개의 노래와 시가 그의 펜에서 나왔다. 그래펜하이니헨 시는 그를 기념하여 그의 이름을 따라 지은 거리를 만들었다. 파울-게르하르트 예배당(Paul-Gerhardt-Kapelle)은 1830년 5월 9일에 초석이 놓여졌고 1992년부터 연중 전시관으로 사용되어지고 있다. 그가 태어난 집이 서 있던 곳에는 작곡가 파울 게르하르트를 기억하는 기념비석 두 개가 서 있다.

그 이후로 그래펜하이니헨은 갈탄 채굴 산업으로 도시 전체가 몸살을 앓았다. 그러나 이 시대도 지나가고 이제는 갈탄이 없는 깨끗한 환경에 갈탄 박물관만이 있다. 박물관 이름은 군대 이름 같은 "페로폴리스"(Ferropolis)로 뜻은 "철의 도시"이다. 갈탄 채굴에 사용되었던 5개의 흉물스러운 대형 기계들이 모두 치워졌다. 5개의 굴착기 종류들의 이름은 모두 공룡 이름 같기도 하고 별명으로는 "매드 맥스"(Mad Max), "빅 휠"(Big Wheel), "게미네"(Gemine)와 "메두사"(Medusa)이다. 이름에서 이미 거대하고 흉물스러운 느낌이 든다.

오늘날은 많은 예술가들이 "철의 도시" 그래펜하이니헨의 분위기를 좋아하게 되었고 12,500명의 시민들이 기뻐할 만큼 많은 관광객을 끌어 모으는 도시로 변모하였다. 갈탄 채굴의 망루로 사용되었던 시설은 오늘날 결혼식장을 겸비한 관청으로 사용되어지고 있다. 갈탄 채굴의 현장이 남아있는 곳에서 결혼식은 색다른 추억이 될 것이다. 또한 결혼식 피로연에 참석해서 옛날 갈탄 운반용 모노레일을 타보는 것도 재미있을 것이다.

파울-게르하르트 예배당은 루돌프-브라이트샤이드 거리(Rudolf-Breitscheid-Strasse) 4에 있다. 아우구스트-베벨 거리(August-Bebel-Strasse)와 로자-룩셈부르그 거리(Rosa-Luxemburg-Srasse)는 독일의 사회민주주의와 공산주의가 관련이 있는 거리이다. 그러나 다행인 것은 파울 게르하르트 예배당 뒤에 있는 공간에서는 소통과 화합의 자리가 마련되어있다. 이곳들 외에 가볼만한 곳은 조각예술품 전시길이 있는 그렘미너 호수(Gremminer See)이다.

1607
개신교 찬송가 작곡가 파울 게르하르트가 그래펜하이니헨에서 태어났다.

36 그림마: 크라이스박물관
막달레나 폰 슈타우피츠가 여학교를 세운 곳

크라이스박물관(Kreismuseum)은 완전히 새롭게 개축되어서 이 건물의 옛 모습은 오늘날 찾아보기 어렵다. 그러나 이곳은 역사적인 의미를 내포하고 있는 유적지 중 하나이다. 중세시대에는 이 박물관 지역이 어거스틴수도원에 속한 지역이었다. 또한 이곳은 종교개혁 시절 중요한 역할을 한 곳이기도 하다. 1523년 초 정확하게 부활절 밤에 님브쉔(Nimbschen)에 있던 마리엔드론수도원(Marienthron Kloster)에서 12명의 수녀들이 도망을 쳤다. 그런데 그중 9명만이 비텐베르그(Wittenberg)에 도착했다. 나머지 수녀들 중 1명은 그림마(Grimma)에 머물렀는데 그녀의 이름이 막달레나 폰 슈타우피츠(Magdalena von Staupitz)였다(전해져 오는 말에 의하면 마가레트[Margarete]라고도 한다). 그녀는 마틴 루터의 아버지의 친구였던 어거스틴 교구의 주교 총 대리인이었던 요한 폰 슈타우피츠의 친척으로 알려져 있다.

막달레나 폰 슈타우피츠는 그림마에 머물면서 1529년에 이 도시 최초의 여학교를 오늘날 크라이스박물관이 있는 곳에 세웠다. 개신교 교리에 충실하게 아이들과 청소년들을 교육시켰다. 그 당시만 해도 여자들이 사회적으로 독립적인 활동이 어려웠을 때에 그녀가 한 일은 주목할 만하다. 그림마 시에게는 정말 행운과 같은 일이었는데, 그녀가 세운 여학교를 시작으로 이곳에 교육의 통로가 만들어졌기 때문이다.

1550년경에 선제후 모리츠 폰 작센(Moritz von Sachsen)은 어거스틴수도원 소속 건물 중 비워져있는 건물에 주립 학교를 세웠다. 이것은 진보적인 봉건영주들이 세웠던 3번째 학교였다. 이런 공립학교들은 휴머니즘적인 교육 권리를 실현했다고 할 수 있겠다.

여학교로 사용되었던 건물은 수백 년이 지나면서 여러 번 개조되었음에도 불구하고 오랫동안 학교 건물로 사용되어졌다. 1885년에 그림마에서 시립 초등학교가 생기자 이 여학교는 발그라벤(wallgraben)에 있는 새로운 건물로 이주했다.

1841년에 이 건물이 완전히 새롭게 개축되면서 오늘날의 형태를 얻게 되었다. 크라이스박물관은 그림마 시의 교육과 학교 역사에 대해 상세하게 전시하고 있다.

시장 광장에서 로렌쯔 거리(Lorenzstrasse), 크로이쯔 거리(Kreuzstrasse)와 클로스터 거리(Klosterstrasse)를 지나면 박물관이 나온다. 수도원교회는 쉽게 찾을 수 있다. 두 블록 더 가면 크라이스박물관이 있다.

1529
막달레나(혹은 마가렛) 폰 슈타우피츠는 그림마에 최초의 여학교를 세웠다.

37 그림마: 수도원교회 성 어거스틴
루터가 가슴을 쥐어짜며 설교한 곳

이 교회 건물은 그 자체가 위엄이 있다. 1300년경에 지어졌고 1435년에 잘키르헤(Saalkirche)로 새로 개축되었는데, 벽의 두께가 1.5미터, 길이가 54미터 이상이며, 폭은 12미터, 높이는 19미터로 만들어졌다.

종교개혁까지 이 교회는 어거스틴수도회의 교단교회이었다. 마틴 루터는 이 교회에서 설교한 후에 말하기를, 가슴을 쥐어짜며 호소했다고 했다. 그는 물리적으로도 약 11,000세제곱미터의 공간을 그의 육성으로 전달되는 복음으로 채우기 위해 열정을 다하여 설교해야 했다. 그러나 그는 이것을 해냈다. 루터는 그림마에서 머무르며 10번 정도 여러 가지 다른 주제로 설교를 했다. 그러나 아쉽게도 이 설교들은 남아 있지 않다. 루터가 1516년에 맨 처음 그림마에 왔을 때 요한 슈타우피츠(Johann Staupitz)와 벤쩨스라우스 린크(Benzeslaus Link)를 만났을 것으로 추정된다. 면죄부 판매를 적극적으로 반대한 세 명의 역사적인 인물들의 만났다. 한참 후에 루터는 이렇게 말을 했다.

"철로 만들어진 요란한 꽹과리에 구멍을 만들려고 한다. 이것이 하나님의 뜻이라면!"
(Nun will ich der Pauke ein Loch machen, so Gott will!)

이 일을 루터는 비텐베르그에서 해냈다. 그림마 사람들은 그들이 사는 곳이 종교개혁의 중심에 있었다는 것을 자랑스러워한다. 이것은 조금 과장된 면이 없진 않지만 그림마가 종교개혁에 정서적인 동기부여를 한 곳임에는 틀림이 없다.

종교개혁의 바람은 일찍 그림마에 불어왔다. 이미 1519년에 루터는 개혁의 때가 무르익었음을 느꼈다. 공식적으로는 1529년을 그림마의 종교개혁의 원년으로 인정하고 있다.

수도사들은 이미 1522년에 수도원을 떠났다. 이 후로 교회에 공립학교들이 그림마에 세워졌다. 그러나 동독 시절 이곳은 버려져있었다. 이 건물은 오랜 세월 동안 비워진 채로 출입이 차단되어져 있었는데, 통독 이후 독일 정부에서 붕괴의 위험이 있는 지붕부터 시작하여 새롭게 보수하면서 이용 가능하게 되었다. 수도원교회는 오늘날 예술, 문화 그리고 음악공연을 위한 장소로 사용되고 있으며 콘서트와 전시를 위한 장소로도 사용되고 있다. 이곳은 소위 그림마 시민들을 위한 문화시설인 것이다.

* 한 개의 예배당으로 이루어진 교회로 건축학적으로 대부분 기둥이 없는 공간으로 이루어져 있다-역주.

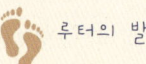

수도원교회는 클로스터 거리(Klosterstrasse)에 있다. 오른쪽은 크라이스박물관, 왼쪽은 1622년에서 1628년 사이에 지금도 불리고 있는 독일 찬송가 "내 마음아, 나아가 빛을 구하자"(Geh aus mein herz und suche freud)를 작사한 파울 게르하르트가 가르쳤던 성 어거스틴 김나지움이 있다.

1516

마틴 루터는 요한 슈타우피츠와 벤쩨스라우스 린크를 그림마에서 만났다. 이 세 명의 인물은 면죄부 판매에 대해 신랄하게 비판하고 종교개혁을 하기로 결의한다.

38 할레: 프랑케 장학재단
루터의 설교가 열매를 맺은 곳

이런 전설이 내려오고 있다. 루터파 개신교 목사 아우구스트 헤르만 프랑케(August Hermann Franke, 1663-1727)는 그의 기부금 상자에 4탈러(Taler)와 16그로쉔(Groschen) 밖에 없었다. 이때 그는 다음과 같이 말했다.

"이것이 내가 가진 모든 것이다! 이것으로 나는 정의를 세울 것이다. 나는 이것으로 가난한 자를 위한 학교를 세울 것이다!"

그리하여 프랑케 장학재단(Franckesche Stiftungen)의 학교들이 세워졌다. 먼저 프랑케는 목사관에서 신학생들로 하여금 가난한 가정의 어린이들을 가르치게 했다. 이렇게 시작한 학교는 빠르게 소문이 나고 중산계급의 사람들이 자신의 아이들을 이 학교에 보낼 수 있다면 등록금도 내겠다고 했다. 이렇게 되자 목사관은 금세 학생들로 비좁아졌으며 1697년에 프랑케는 어린 남자아이들을 위한 라틴어 학교를 세웠다. 이렇게 세워진 학교도 그 전의 학교와 같은 원리로 운영되었다. 수업은 신학교 학생들에 의해 이루어지고 대신에 신학생들은 무료 숙박과 땔감과 16그로쉔을 월급으로 받았다.

당시 많은 가난한 집 아이들의 사회적 가정적 환경은 열악했다. 그들의 부모들은 아이를 돌볼만한 여력이 없었다. 따라서 프랑케는 아이들을 좀 더 나은 가정에 입양을 보내기로 결심했다. 이것이 바로 고아원의 첫 발걸음이다. 프랑케는 이를 위해 기금이 필요했고 이 기금을 마련하기 위해 서점과 인쇄소, 책 교본에다 약국까지 경영하게 되었다. 여기에서 나오는 수입으로 그는 고아원들과 다른 재단들을 지원하였다. 그리하여 사업은 날로 번창해갔다. 새로운 시설들이 시설을 낳고 학교가 또 다른 학교를 낳았다.

프랑케 장학재단은 많은 분야에 동기부여와 기원이 되었다. 개신교적인 선교, 기독교 복지, 실업 학교의 모태, 독일어 성경 배부와 오늘날도 독일 찬송가에 남아 있는 노래들을 보급했다.

할레(Halle) 시의 중앙에 독립된 지역에 있는 이 역사적인 건물들은 오늘날도 잘 보존되어 내려오고 있다. 위쪽 린덴호프(Lindenhof)에 있는 랑에 하우스(Lange Haus)는 유럽에서 가장 큰 골조 건축물이다. 이 건물은 110미터 길이로 6층 건물이다.

프랑케 장학재단으로 진입하는 길은 프랑케 광장(Frankeplatz) 건너에 있다. 진입해서 왼쪽에 있는 규모가 큰 건물이 역사적인 첫 고아원이다(Haus 1). 진입해서 오른쪽은 연방 문화예술 재단이고 그 옆에 하우스 28은 안내센터와 매표소가 있다. 이곳에서 이 역사적인 건물들에 대한 정보를 얻을 수 있다.

1697
루터 파 개신교 목사 아우구스트 헤르만 프랑케는 할레에 남자 아이들을 위한 라틴어 학교를 세웠다.

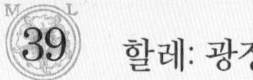
39 할레: 광장교회
5개의 종탑을 가진 교회가 있는 곳

탑이 쌍으로 두 쌍이 있는 교회를 본 적이 있는가?

할레에는 있다. 할레에 광장교회 운저 리벤 프라우엔(Markkirche Unser Lieben Frauen)으로 붉은 색 탑과 시계 탑, 종탑들이 실루엣을 이루며 할레의 상징물이 되었다.

이 두 쌍의 교회 탑은 서로 완전히 별개의 것으로 보여 혹시 이 탑들이 다른 교회에서 비롯된 것이 아닐까하는 생각을 가지게 된다. 맞다. 영주이자 추기경인 알브레흐트는 수도의 중앙에 대표적인 교회를 세우기를 원했다. 위엄있는 건축물을 통해 종교개혁의 가치를 떨어뜨리고 화려한 교회에서 성대한 미사를 드리기를 원했다. 그래서 두 개의 오래된 교회를 탑만 놔두고 철거하기로 하고 4개의 탑을 새로운 교회당과 연결시켰다. 이렇게 하여 1529년과 1554년 사이에 게투르덴교회(Getrudenkirche)의 푸른 2개의 탑과 성 마리엔교회(St. Marien-Kirche)의 2개의 탑이 새롭게 지어진 교회의 탑이 된 것이다.

이 새로 건축된 교회는 작센지역의 후기 고딕 양식으로는 마지막 대형 할렌교회이다. 당시 중세 독일의 탁월한 건축기술이라 하겠다. 당시 적이 쳐들어오는 위험한 상황에서 건물관리인(Hausmann)이었던 경비원이 교회 종을 쳐서 알렸다고 하여 이 두 쌍의 탑을 하우스만 탑(Hausmannstürme)이라고 한다.

광장교회는 퍼져나가는 종교개혁의 사상을 경계하기 위해 건축되었지만, 여기에도 종교개혁의 복음은 울려 퍼졌다. 이 교회 강대상에서 유스투스 요나스(Justus Jonas)가 1541년에 종교개혁을 선포했다.

할레의 광장교회에서 마틴 루터도 세 번 설교를 했다. 1546년, 마틴 루터의 시신이 아이스레벤에서 비텐베르그로 옮겨질 때 할레의 광장교회에서도 입관식이 이루어졌다. 빌헤름 푸어테나겔(Wilhelm Furtenagel)은 루터가 죽은 날 밤 20일에서 21일사이의 밤에 루터 주검의 얼굴 모형을 본떴다.

이런 역사적인 교회도 드물 것이다. 이 교회에서 루터가 세 번 설교하였고, 게오르그 프리드리히 헨델(Georg Friedrich Händel)이 세례를 받았다. 이 교회의 대형 오르간은 요한 세바스티안 바흐(Johann Sebastian Bach)가 봉헌한 것이다. 그 옆에 있는 방에는 루터의 얼굴 모형이 있다. 정말 역사적인 감동이 있는 곳이다.

광장교회는 할레시의 중앙부에 있다. 시장 광장, 시행정관청사, 시청사, 붉은 종탑교회와 시장 등 모든 것이 이곳에 있다. 시교회가 소장하고 있는 보물로는 청동구리로 만들어진 세례반이 있다. 이 세례반으로 게오르그 프리드리히 헨델(Georg Friedrich Händel)이 1685년 세례를 받았다. 이 외에도 역사적인 가치가 있는 소장품으로는 1552년에 지어진 마리엔 도서관(Marienbibliothek)에 소장되어 있는 30,000권의 고서로 대부분의 책들이 15세기에서 18세기에 제작된 것이라고 한다.

1541

광장교회의 강단에서 유스투스 요나스(Justus Jonas)는 성금요일에 할레의 종교개혁을 설교했다.

40 할레: 모리츠부르그
루터의 적수가 살았던 곳

할레는 "종교개혁의 요람"이라 일컬어진다. 그러나 이 타이틀은 모순적이다. 왜냐하면 할레에는 루터의 세기의 적수인 알브레흐트(Albrecht) 추기경이 살았던 곳이기 때문이다. 알브레흐트 추기경은 막데부르그(Magdeburg)와 마인쯔(Mainz)의 대주교였으며 교황의 측근으로 권력을 가진 사람이었다. 그는 화려한 예술품과 상징적인 건축물을 좋아했고 이를 위한 재정은 광범위한 면죄부 판매를 통한 수입으로 충당되었다. 오늘날 막대한 건축 비용으로 큰 물의를 일으킨 독일 주교 테바르츠 반 엘스트가 당시에 살았더라면, 그는 눈에 띄지도 않았을 것이다.

바로 알브레흐트 추기경의 사치스럽고 방탕한 생활은 루터가 1517년 10월 31일에 한 통의 편지를 보내는 계기가 되었다. 동봉된 것은 바로 95개 조항. 교회의 면죄부 판매에 대한 날카로운 비판은 직접적으로 할레의 주교 알브레흐트를 겨냥했다. 이 충돌은 새로운 시대를 여는 서곡이었다.

우리는 자주 역사적인 사건의 시점에서 이런 질문을 하곤 한다. "만약 알브레흐트 추기경이 면죄부 판매를 중단했더라면 역사는 어떻게 되었을까?" 그러나 그는 중단하지 않았다.

이 역사의 악인은 할레의 모리츠부르그(Moritzburg)에 살았다. 종교개혁의 요람이라 할 수 있는 할레에 그가 살았다는 것은 아이러니하다. 이미 13세기에 할레는 봉건영주였던 막데부르그 대주교로부터 해방되었다. 1263년에 할레의 농민들은 소위 정치적인 자치를 획득했다. 15세기에는 봉건영주와 연관이 있는 길드 출신의 사람들로 이루어진 반대당이 만들어지는가 하면 1479년에는 대주교 수하에 있는 군대가 자유롭게 도시로 들어올 수 있게 되었다. 그 결과 할레에 새로운 권력자가 탄생되었고 "… **시 전체를 복종과 순종으로 이끌기 위해 요새 같은 성이 지어졌다.**" 새 성의 초석은 1484년에 놓여졌다.

성이 완공된 후에는 추기경이자 종교개혁의 반대자였던 막데부르그와 마인쯔의 대주교 알브레흐트가 살게 되었다. 할레는 이미 벌써 종교개혁이 이루어졌을 것이나, 추기경이 강력하게 이를 저지했다. 그래서 1541년에야 개혁이 이루어졌다.

모리츠부르그는 할레 시의 뛰어난 건축물과 기념비들이 있는 곳으로 유명하다.

모리츠부르그는 프리데만-바흐 광장(Friedemann-Bach-Platz) 5에 위치해 있다. 이곳은 시의 중심지로 광장교회와는 걸어서 10분 거리이다. 이 길 중간에 돔 대성당이 있다.

1541
추기경이자 막데부르그와 마인쯔의 대주교 알브레흐트는 종교개혁의 반대자가 쫓겨나자 개혁의 물꼬를 텄다.

41 예나: 시교회
융커 요르그가 머물렀던 곳

루터는 이곳 예나(Jena)에서 1522년과 1537년 사이에 여러 번 머물렀다. 1522년 3월 3일에 루터는 융커 요르그(Junker Jöerg)로 변장하여 은밀한 임무를 수행하기 위해 예나에 머물고 있었다. 루터는 비밀리에 예나의 검은 곰들이란 뜻의 이름인 "**슈바르쩬 베렌**"(Schwarzen Bäeren)이라는 호텔에 머물렀다. 호텔의 로비에 걸려있는 그림과 건물 벽에 있는 금속판에 그려진 그림은 루터가 묵고 간 사실을 상기시키고 있다.

루터는 예나의 시교회 성 미샤엘(St. Michael)교회에서 설교했고 칼슈타트(Karlstadt)라 불리던 종교개혁가 안드레아스 보덴슈타인(Andreas Bodenstein)과 훌드리히 쯔빙글리(Huldrych Zwingli)와 논쟁을 이어나갔다. 1524년에 루터는 그의 오래된 동지 칼슈타트와 결별하게 된다. 칼슈타트는 수도원의 해체와 종교개혁의 과정을 급진적이고 무력적으로 진행했기 때문이다. 그러나 루터의 설교가 이런 급진적인 기류의 확산을 멈추게 하지는 못했다.

예나는 특히 루터의 번역 성경을 인쇄한 가장 중요한 도시로 꼽히는데, 1533년에 성경을 인쇄하여 보급한 사람은 루터의 제자였던 게오르그 뢰러(Georg Röerer)였다. 예나의 중요한 인물 중에 선제후 프리드리히 용맹(Johann Friedrich der Großmütige, 1503-1554)이 있다. 슈말칼덴 전쟁에서 선제후 프리드리히 용맹은 프로테스탄트 진영의 우두머리였다. 그런데 전쟁에서 폐하자 그의 작센 선제후 작위는 박탈되었고 감옥에 갇히는 신세가 되었다. 그럼에도 불구하고 그는 1548년에 예나에 고등교육 학교를 세우게 되는데, 이 학교는 오늘날 프리드리히-쉴러대학교(Friedrich-Schiller-Universität)의 초석이 되었다.

1549년에 비텐베르그대학교 도서관(Wittenberger Universitätsbibliothek)이 예나로 이전하면서 역사적으로 아주 중요한 종교개혁시대의 인쇄물들을 소장하게 되는데, 그중에는 루터가 직접 손으로 쓴 신구약성경도 있다. 이 원본은 오늘날도 보존되어 전해져온다. 루터 역사의 도시인 예나의 시교회에는 루터 묘의 청동 묘판이 소장되어져있기 때문에 꼭 방문해 볼만하다. 청동 묘판은 1548년에 에어푸어트에서 주조되었으며 원래는 비텐베르그에 있는 궁성교회로 보내기로 되어 있었다. 그러나 1547년에 슈말칼덴 전쟁 이후의 혼란으로 인하여 이 묘비판은 튀링엔에 그대로 있다가 1571년 이래로 예나의 시교회(Stadtkirche)에 보존되고 있다. 묘비 판에 새겨진 루터의 모습은 루카스 크라나흐(Lucas Cranach)가 그린 루터의 모습이다.

시교회는 시장 광장과 교회 광장 사이에 있다. 호텔 "슈바르처 베어"(Schwarzer Bär)는 루터 광장에 위치해 있는데, 시교회로부터 걸어서 4분 정도 거리이다.

1522

3월 3일에 루터는 은밀한 임무를 수행하기 위해 융커 요르그로 위장하여 예나에 왔다. 비밀리에 그는 "슈바르쩬 베렌"(Schwarzen Bären)이라는 호텔에 머물렀다.

42 켐베르그: 마리엔교회
루터의 동반자 베른하르디가 살았던 곳

작은 도시 켐베르그는 비텐베르그로부터 몇 킬로미터 밖에 떨어져 있지 않으므로 종교개혁의 바이러스가 일찍부터 퍼지기 시작했다. 1522년부터 프로테스탄트식 신앙고백이 받아들여졌다.

켐베르그에는 루터의 친구이자 신뢰하는 사람들 중에 한 사람인 바돌로매우스 베른하르디(Bartholomäus Bernhardi)가 살았다. 베른하르디는 1521년에 켐베르그에서 결혼함으로 결혼한 최초의 성직자 중 한 사람이 된다. 당시 결혼한 베른하르디에게 루터는 다음과 같이 편지 했다.

"이런 격동의 시대를 두려워하지 않고 오히려 서둘러 결혼한 새 신랑의 용기에 놀랄 따름이다. 하나님이 그를 인도하시며 하나님이 그가 비록 신 샐러드를 먹을지라도 그 속에 달콤함을 맛보게 하실 것이다."

켐베르그 프로프스타이 정원(Garten der Kemberger Propstei)에서 마틴 루터는 필립 멜란히톤과 함께 면죄부 판매를 지지하는 요한 테첼(Johann Tetzel)을 반박할 강령을 만들었다고 전해진다. 그러나 증명되지 않은 구전에 불과하다. 실제로 루터는 목사관 정원에서 처음부터 끝까지 강령을 만들었다. 루터는 자주 켐베르그를 방문해서 그의 동료이자 친구들인 사제들을 만났는데, 그중에 아이제나흐에서 같이 학교를 다녔던 바돌로매우스 베른하르디도 있었다. 베른하르디는 나중에 비텐베르그의 교수로 가게 된다.

루터는 켐베르그에서 13번 설교했으며 그중 7번은 1518년과 1534년 사이에 시교회인 성 마리엔(Marienkirche)에서 했다. 루터는 생전에 켐베르그로 가는 길이 험하다고 자주 얘기하곤 했다. 그리고 때로는 천둥치는 일기로 인하여 고통스러워했다. 여행에서의 변덕스러운 악천후를 떠올리며 루터는 "휘몰아치는 폭우"라는 단어를 사용하였는데, 이 표현은 또한 그가 하나님의 말씀 역사를 비유할 때 자주 사용하곤 했다.

1994년에 교계와 예술계가 충격을 받은 사건이 있었는데, 1565년에 루카스 크라나흐 주니어가 하나님의 성전을 위해 그린 유명한 제단이 화재로 거의 소실된 것이다. 그 후 약 6년 가까이 끊임없는 노력으로 복원된 루카스 크라나흐의 제단은 다시 켐베르그의 성전으로 돌아와 격에 맞는 제의실의 전시실에 보관되어졌다.

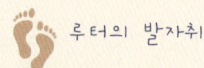

켐베르그는 분위기 있는 깨끗한 소도시이다. 시 중앙에는 광장이 있다. 시청사에는 바돌로매우스 베른하르디를 기념하는 비석이 서 있다. 교회는 여기에서 조금 떨어진 곳에 우뚝 솟아 있다.

1546

2월 21일에 루터의 시신이 안치되기 하루 전 베른하르디의 소원에 따라 루터의 관은 켐베르그를 들러 입관행렬을 했다. 50명의 시민들이 자원하여 경호원이 되어 루터의 마지막 길을 동행했다.

쾨텐: 요한-게오르그-바우
바흐를 만날 수 있는 곳

아주 예술적인 시설이다. 음악이 각 방마다 흘러나오는데 아직 미숙한 학생들의 연습 소리도 섞여 있다. 귀족들의 격식 있는 왕궁에서의 삶은 쾨텐(Köthen)의 바흐의 일생과 작품들과 매우 밀접한 관계가 있다. 요한-게오르그-바우(Johann-Georg-Bau) 건물은 1984년부터 "요한 세바스티안 바흐"(Johann Sebastian Bach)음악학교로 사용되어지고 있다. 루드비히 바우(Ludwig Bau) 건물에는 역사적인 박물관과 바흐기념관이 있다.

그런데 어떻게 바흐가 쾨텐까지 오게 되었을까?

바흐는 바이마르 궁정악단의 세 번째 연주자에 불과했다. 1716년 말에 궁정악단의 지휘자였던 요한 사무엘 드레제(Johann Samuel Drese)마저 죽자 바흐는 더 이상 설 자리가 없었다. 바이마르에서는 더 이상 경력을 이어갈 수 없게 되자 1717년에 쾨텐으로 옮겼다. 쾨텐은 튀링엔이나 작센지역도 아니고 루터의 영향력아래에 있는 곳도 아니었으며 단지 종교개혁이 이루어진 후작 가문에 속한 지역으로 바흐에게는 외국과 같이 낯선 곳이었다. 쾨텐에서 바흐는 그의 첫 아내인 마리아 바바라(Maria Barbara)를 천국으로 떠나보냈다. 그리고 두 번째 부인 안나 막달레나(Anna Magdalena)와 다시 결혼을 했다.

음악적으로 보면 바흐는 쾨텐에서 많은 결실을 맺었다. 1718년 11월에 바흐 부부는 개혁이 이루어진 궁정교회에서 자신들의 아들 레오폴드 아우구스투스(Leopold Augustus)에게 세례를 받게 했다. 루터교도로서 바흐는 성 아그누스 교회(St. Agnus Kirche)에서 예배를 드렸다. 그는 이 교회에 자신과 아내를 위해 예배 좌석을 두 자리 세를 내었다. 이 곳에서 그는 예배를 드렸고 성만찬을 했다.

루터가 없이는 바흐도 없다. 요한 세바스티안 바흐는 종종 다른 사람들의 멜로디를 차용하곤 했는데 루터의 곡도 사용했다. "내 주는 강한 성이요 방패와 병기되시니"(Ein feste Burg ist unser Gott, ein gute Wehr und Waffen)라는 곡은 바흐의 유명한 칸타타이다. 하인리히 하이네(Heinrich Heine)는 이 곡을 "종교개혁을 대표하는 곡"이라고 칭했다. 그러나 이 곡은 이미 1523년에 루터가 작사 작곡했으며 당시 예배에 사용하도록 권장했던 곡이다.

특히 쾨텐은 카니발의 중심 도시이며 사무엘 하네만이 연구한 동종치료법이 연구개발된 세계적인 도시이기도 하다.

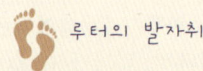

퀘텐에 있는 궁성은 한 눈에 띈다. 감탄을 금할 수 없는 규모이다. 성 아그누스교회는 슈티프츠 거리(Stiftstrasse) 12에 위치해 있다. 이곳에는 바흐의 집이 두 채가 있다. 1717년 12월부터 1719년까지 살았던 집이 샬라우니쉔 거리(Schalaunischen Strasse) 44에 있고(오늘날은 이곳에 1968년에 지어진 상가 건물이 서 있다) 그 이후로는 발슈트라세(Wallstrasse)25, 26에 있는 집에 살았다(오늘날 이곳은 성 엘리자베스요양원의 일부분이다).

1717
바흐는 안할트 퀘텐의 후작 레오폴드(Fürst Leopold)의 요청을 받고 악단 지휘자였던 라인하르드 아우구스틴 스트리커(Reinhard Augustin Stricker)의 후임으로 퀘텐에 왔다.

44 쾨텐: 성 야콥
종교개혁가 슐락인하우펜이 사역하던 곳

1400년에 쾨텐에서 교회 건축이 시작되었다. 그런데 6년 후에 교회 건물은 총격전의 한가운데 있게 되었다. 이로 인하여 교회 북쪽 부분의 담벼락을 따라 포탄의 흔적이 남아있다. 1488년부터 교회 예배당 천정을 아치형으로 바꾸는 작업이 개시되었다 1513년 마침내 교회는 삼랑식 랑하우스(Langhaus)와 검소하고 축소된 제단을 가진 위엄 있는 건축물로 재탄생되었다.

1525년에 종교개혁가 요한 슐락인하우펜(Johann Schlaginhaufen, 1498-1560)의 도움으로 이곳도 종교개혁의 시기를 맞게 되었다. 원래는 가톨릭 시성당이었던 곳이 1606년 루터를 지지하며 종교개혁에 동참하게 되었다. 종교개혁은 신앙적인 방향 뿐 아니라 건축 양식에도 많은 변화를 가져왔다. 1672년에 너무나 많은 사람들이 몰려와 예배를 드리게 되자 설교자가 서는 교회의 큰 발코니를 축소해서 공간을 늘려야만 했다. 1866년과 1869년 사이에 마지막 이루어진 교회 건물 개축 때 이 발코니들은 아예 철거되었다. 1896년에서 1898년에 2개의 종탑을 세웠고 이 종탑은 안할트 주에서 가장 큰 교회 탑이다. 이때 1599년에 무너진 가장 큰 예배당 앞에 있던 오래된 종탑도 다시 세워졌다.

루터가 쾨텐에 왔었던 적이 있는지는 알려진 바가 없지만, 그는 그의 확실한 전권대사를 이곳으로 보냈다. 슐락인하우펜은 루터를 자주 방문했으며 식사자리에서 루터가 하는 말들을 받아 적어 오기도 했다. 또한 그는 멜란히톤과도 친한 관계였다.

1525년에 그는 쾨텐의 성 야콥교회(St. Jakob)로 자리를 옮겼다. 그는 여기에서 빠른 시일 내에 종교개혁을 단행하였고 새로운 프로테스탄트 식의 예배순서를 만들어 시행하였으며 많은 다른 목사들이 이를 배우기 위해 이 교회를 방문하기도 했다. 그는 안할트 주의 쾨텐 지방의 후작 볼프강에게 인정을 받게 되었으며 1537년에 후작이 슈말칼덴 동맹에 사인하기위하여 슈말칼덴으로 향하는 길을 동행하기도 했다. 슈말칼덴 동맹은 대소요리문답 외에 세 번째로 중요한 루터식 신앙고백 문서이다.

슐락인하우펜은 1540년에 죽음을 맞이할 때까지 쾨텐에 머물며 감독자로 임무를 다 했다.

성 야콥교회는 쾨텐 시 중앙부에 육중하고 위엄 있게 서 있다. 교회 뒤에 시청사가 있다. 교회 건물의 종탑이 있는 쪽으로 보행자 길이 있는데 이 길은 바흐 광장으로 연결된다.

1525
요한 슐락인하우펜은 쾨텐의 성 야콥교회에 종교개혁을 단행했다.

45 란즈베르그: 귀처교회
루터와 멜란히톤을 볼 수 있는 곳

루터가 귀츠(Gütz)에 왔던 적은 없는 것 같다. 그러므로 성 안나 카타리나교회(Kirche St. Anna und Katharina)에서 설교를 한 적도 없다. 유감스럽기는 하지만 그래도 이 교회는 루터 유적지에 속해 있다. 이 교회가 루터 유적지로 꼽히는 것은 그럴만한 이유가 있다.

교회의 아치형 천장은 19세기에 그려진 그림들로 장식되어져 있는데, 원래 이 천장은 1777년에서 1779년 사이에 이루어진 개축 때 바로크 양식으로 만들어진 것이다.

이 교회의 채색된 창문은 이 도시 시민들의 자랑거리인데 예전에는 원래 21개가 있었다고 한다. 그중에 7개만이 원판이다. 이 7개의 원판으로 전체 복원 작업이 이루어졌다. 유명한 화가이자 조각가인 마르쿠스 뤼페르쯔(Markus Lüperz)가 그림을 복원했다. 이때 훼손되었던 루터와 멜란히톤의 초상화도 복원되었다. 창문의 복원된 그림의 색은 태양이 창문을 통해 교회 안으로 비칠 때 비로소 완전한 아름다움을 드러낸다. 12세기에는 뵐스(Wölls) 지역에서 예배를 드렸는데 그 당시에는 목조 예배당이었던 것으로 추정된다. 이 목조 예배당이 붕괴되자 새로운 성전이 필요했다. 새 성전을 세울 곳으로 소르브인*들이 슈트랭바흐(Strengbaches)의 늪 지역을 방어하기 위해 나무 줄기와 흙벽으로 쌓아올린 물의 성곽이 있는 귀츠 지역으로 정했다. 교회를 건축하는데 주위에서 쉽게 구할 수 있는 반암과 마그마 암석들을 사용하였다. 일부가 남아 있던 목조 예배당은 묘지로 옮겨져 완전히 철거 되었다.

이 지역의 종교개혁은 약 1540년경에 이루어지기 시작했다. 루터의 지지자로 작센 지방의 소영주 하인리히는 1539년에 교회 시찰을 시작으로 종교개혁을 단행했다. 이로부터 1년 후 귀츠에는 최초의 교회회원 등록부가 만들어졌다. 이와 동시에 마지막 가톨릭 사제였던 야코부스 루델(Jakobus Rudel)이 최초의 개신교 목사가 되었다.

---

* 서슬라브족의 일파로 훈족의 침입으로 엘베강 상류 지역으로 이동하여 거주하였다-역주.

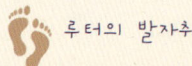

1976년 무너진 교회 건물은 그대로 버려져 있었고 목사관은 팔렸으며 교회의 묘지에 장사 되는 것은 금지되었다. 1992년 새롭게 개축이 시작되기까지 모든 것이 황폐하게 되어 버려진 상태였다. 이 교회는 귀츠에 속해 있으며 플로리안-가이어 거리(Florian-Geyer-Strasse)에 위치해 있다.

1540
작센 지역의 소영주 하인리히 공작은 귀츠에서 종교개혁을 단행했다.

라이프치히
"상업"의 도시

라이프치히가 루터의 도시라 할 수 있는가?

라이프치히(Leibzig)는 독일의 동부 지역에 있는 대도시로 루터의 도시라 불리지는 않는다. 그럼에도 불구하고 이곳에는 루터와 관련한 많은 것들이 있다. 예를 들면 라이프치히의 인쇄업자 멜히오르(Melchior)는 1519년에 최초로 루터의 95개조 반박문을 현수막으로 인쇄하였으며 종교개혁에 관한 책 160권을 발간하였다. 그로 인하여 루터의 사상이 짧은 시간에 온 나라 전체에 퍼져나갔다. 라이프치히의 도서 인쇄술은 루터의 종교개혁에 꼭 필요한 대중성을 확보하는데 큰 역할을 했다.

1512년 10월에 루터는 처음으로 라이프치히를 방문했다. 루터는 선제후 프리드리히 현자가 루터의 박사과정을 위해 지원한 50굴덴을 받으러 온 것이었다. 비텐베르그에서 라이프치히를 왕복하는 길은 족히 150킬로미터나 되는데 이 길을 루터는 걸어서 왕복했다.

그는 1519년 6월 24일에서 7월 16일까지 중요한 일로 라이프치히를 재방문했다. 그가 이때에 라이프치히를 방문한 이유는 **플라이센부르그**(Pleißenburg) 궁정호프에서 개최된 면죄부 판매에 관한 논쟁을 하기 위해서였다. 이 논쟁은 후일 "교회에서 일어난 전투"(Kirchenschlacht)라고 일컬어졌다. 루터는 교황의 대변인이었던 요하네스 엑크(Johannes Eck)를 상대로 논쟁을 펼쳤다. 이 논쟁은 로마 가톨릭의 분열을 가져왔다.

이 논쟁이 벌어지던 기간에 루터는 멜란히톤과 칼슈타트와 함께 라이프치히 하인 거리(Hainstrasse)에 있던 인쇄업자 멜히오르의 집에 머물렀다. 독일 남부지역을 여행할 때마다 루터는 거의 라이프치히를 들렀다. 역사학자들은 7번 정도 이곳에 머문 것으로 본다.

라이프치히의 종교개혁은 1539년 성령강림절에 시작되었다. 이는 공작 게오르그 데어 베어티게(Herzog Georg der Bärtige, 1471-1539)가 죽었기 때문에 가능했던 것이다. 루터는 이때 건강이 악화되어 **니콜라이교회**(Nicolaikirche)에서는 설교 할 수 없었지만 오후 예배 때 **토마스교회**(Thomaskirche)에서는 설교를 했다. 역사적인 기록이 글자 그대로 사실인지는 확인 할 길이 없지만 당시 루터의 설교를 듣기 위해 엄청난 회중이 모였으며 심지어 사람들이 교회 담벼락에 사다리를 세워 창문을 통해 듣는 사람들도 많았다고 한다. 토마스교회는 라이프치히의 종교개혁이 이루어진 교회라 할 수 있다. 니콜라이교회에는 이 시절부터 내려오는 "루터 설교단"(Lutherkanzel)이 따로 있는데, 정작 루터는 이 강단에서 한 번도 설교한 적이 없다고 한다.

루터는 라이프치히에 대해 날카로운 지적을 하며 탁상담화 때 이렇게 말했다.

"라이프치히는 소돔과 고모라와 같다. 창녀와 폭력으로 얼룩져서 그곳에는 선한 것이 없다. 그들은 달라지려고 하지 않는다. 나도 라이프

치히를 방문하곤 했지만 다시 가고 싶지는 않다."

라이프치히에는 루터길이 조성되어 있는데 이곳에는 12개의 안내소가 있다. 그러나 역사적으로 권위가 있는 볼만한 거리는 많이 없다. 이 중 가볼 만한 곳으로는 배나무로 가는 집이라는 뜻의 "하우제 쭘 비른바움"(Hause zum Birnbaum)으로, 이곳은 1832년부터 "호텔 폴로그네"(Hotel der Pologne)로 사용되고 있다(오늘날 하인 거리 16-18) 이곳은 루터의 친구인 멜히오르 로터의 집으로 루터가 1519년에 살았다. 루터의 또 다른 친구인 스트로머 폰 아우어바흐의(Stromer von Auerbach) 집이 있던 **아우어바흐-호프**(Auerbach-Hof, 오늘날은 메들러 파샤쥐[Mädler-Passage])라는 곳에서도 그는 1539년에 머물렀다.

이외에 루터와 관련된 곳으로는 **튀링어 호프**(Thüringer Hof)가 있다. 현재 아우어바흐와 튀링어 호프에 있는 루터가 머물렀던 공간은 모두 루터 이후의 시대에 새롭게 만들어진 것이다. 오늘날 이곳에서 루터가 먹었던 음식으로 나오는 메뉴들은 그때 당시의 요리법대로 만들어지고 있는지 역사적으로 증명할 길이 없다. 그 다음 중요한 장소는 **플라이센부르그**(Pleißenburg)이다. 1519년에 이루어진 역사적인 논쟁의 무대이다. 그러나 그 당시의 건물들은 남아있지 않다.

이곳에는 오늘날 신축 건물인 시청사가 서 있다. 당시 플라이센부르그의 강단에서 루터는 1539년 3월 24일에 그의 첫 설교를 했다.

두 번째 설교는 3월 25일에 토마스교회(Thomaskirche)에서 했다. 물론 루터를 떠올릴 수 있는 교회는 이 외에도 많다. 니콜라이교회(Nikolai-Kirche), 토마스교회(Thomas-Kirche), 그리고 루터가 1545년 8월 12일에 라이프치히에서 프로테스탄트교회로 드린 헌신예배에서 3번째 설교를 한 **대학교회**(Universitätskirche)이다. 1968년에 이 교회는 사라졌으며 대학교에 속하는 건물로 다시 개축되면서 테첼에 대항한 루터를 기념하는 기념관이 들어서 있다.

라이프치히는 루터의 도시는 아니다. 현재 라이프치히 도시인구의 84%가 기독교인이 아니다. 라이프치히는 무신론자가 많은 도시이다. 오늘날 라이프치히 시민들은 면죄부도 필요 없고 루터도 필요 없는 것 같이 보인다. 시민의 12%만이 기독교인이다. 그러나 라이프치히는 살기 좋은 도시이고 매년 10,000명의 사람들이 새롭게 유입되면서 성장하는 도시이다. 더욱이 학생들이 이곳에 공부하기 위해 이사 오게 되면 전입수당도 받을 수 있다.

그리고 라이프치히 토마스합창단은 라이프치히 시민들이 열광하고 사랑하는 합창단이다. 이 합창단의 역사는 800년이나 된다. 이곳에서 "이 합창단의 음악과 노래는 우울한 사람에게 청량제와 같다"라고 말한 루터를 기억할 수 있다.

46 라이프치히: 니콜라이교회
라이프치히의 결단력 있는 교회

니콜라이교회(Nikolaikirche)는 평화교회(Friedenskirche)이다. 이곳에서 루터와 바흐의 기억들은 조금씩 퇴색되어가는 중이다. 그러나 그들은 이 교회가 평화의 정신적 지주인 것은 틀림이 없다.

니콜라이교회는 결단력 있는 교회이다. 1165년에 라이프치히가 도시로 승격함과 동시에 상업 도시로 지정되자 기념비적인 교회를 건축하기 위한 과감한 결단으로 탄생한 교회이다. 이 교회는 상인들과 나그네들의 수호자인 성 니콜라우스에게 봉헌되었다.

원래는 낭만주의 양식의 교회였으나 나중에는 후기 고딕 양식인 할렌교회로 개축되었다. 이 교회의 결단력은 1539년에 라이프치히에 종교개혁이 단행될 때에 나타나는데, 성 니콜라이교회의 요하네스 페핑거(Johannes Pfeffinger) 목사는 최초의 라이프치히의 교구 책임자로 위임받는 결단력을 보여주었다.

1723년에서 1750년 사이에 요하네스 세바스티안 바흐는 새로운 교회 음악을 만들어 내는 과감한 결단력을 보여주었다. 바흐의 살아있는 음악은 당시 예배의 교회 음악으로 사용되기에는 너무나 낯설고 진보적이었다. 바흐의 기념비는 1998년에 교회 입구 쪽에 세워졌다.

교회의 성도들은 과감한 투자를 통해 그들의 결단력을 증명했다. 그들은 전문 오르간 제작자 프리드리히 라데가스트(Friedrich Ladegast)에게 최고의 오르간 제작을 주문했다. 1862년에 오르간이 완성되어 교회에 봉헌되었다. 6,804개의 파이프와 103개 건반과 5개의 페달을 가지고 있는 작센의 가장 큰 교회 오르간으로 기네스북에 등재될 유력 후보이다.

이 교회는 과감하게 평화 기도를 계속 이어가는 결단력을 보여주었다. 1982년부터 매주 월요일 오후 5시에 독일의 평화를 위한 기도를 이어나갔다. 1989년에 가을부터 이어진 비폭력 월요 시위와 이로 인한 결과를 우리는 잘 알고 있다. 동독의 붕괴와 통독이다. 그리고 한 방울의 피 흘림도 없이 현시대에 일어난 순수한 성경적인 기적이 그것이다.

이 교회는 또 새로운 재생에너지를 받아들이는 과감한 결단력을 보여주었다. 1999년에 교회의 남쪽편의 지붕을 수리하면서 태양광열 시설을 갖추기로 결정한다. 환경적인 건축을 위한 새롭고 과감한 교회의 결단이 빛난다.

니콜라이교회는 시의 중앙부인 니콜라이키르히호프(Nikolaikirchhof) 3에 있다. 이 교회에 있는 설교단에 루터가 선적도, 설교한 적도 없는데 왜 루터 설교단이라 이름지어졌는지는 알 길이 없다.

1539
요하네스 페핑거는 시 교구 책임자로 성 니콜라이교회에서 종교개혁을 단행했다.

47 라이프치히: 파울리눔
종교개혁 반대자의 기념상이 있는 곳

"돈이 상자에 떨어지자마자 한 영혼이 천국으로 올라간다"(Sobald das Geld im Kasten klingt, die Seele in den Himmel spring).

테첼(Tetzel)은1465년에 드레스덴 근처의 피르나(Pirna)에서 태어나 1489년에 도미니카너수도원인 성 파울리(St. Pauli)에 들어가게 되었다. 여기에서 그는 1504년부터 아주 흥미로운 사업을 구상하였다. 면죄부 판매. 돈을 내는 대신 신자들은 물론 불신자들도 그들의 죄를 용서받았다는 확약서를 받는 것이었다. 15세기 말까지만해도 면죄부 교부 조건이 엄격했다. 정해진 죄에 한하여 돈으로 면죄부를 살 수 있었을 뿐 이때도 결코 회개의 행위 없이는 면죄부만으로는 용서가 주어지지 않았다. 그러나 베드로 성당 건축을 위해 로마교황청은 더 많은 돈이 필요해지자 면죄부 조건을 조금씩 느슨하게 풀기 시작했다. 나중에는 결국 돈의 액수가 전부였다. 심지어 죽은 사람들을 위해서도 면죄부를 살 수 있었다. 알브레흐트 폰 브란데부르그는 스웨덴 출신의 상인 푸거른에게 빚을 지고 있었다. 어느 날 그에게 빚을 탕감 받을 수 있는 기발한 아이디어가 떠올랐다. 그가 테첼에게 페터스 돔 건축을 위한 기념 면죄부를 구매함으로 그의 빚을 탕감 받는 것이었다.

1517년에 테첼은 막데부르그교회 마을에 머물고 있었다. 이때 많은 사람들이 그에게 면죄부를 사기 위해 몰려왔는데 이 중에는 비텐베르그 사람들도 있었다. 돈만 지불하면 회개 없이 죄의 짐으로부터 자유로워진다는 것은 정말 매력적인 제안이었던 것이다. 루터와 비텐베르그 고해성사 사제들은 이 사실을 알고 굉장히 분노했다. 그 결과는 이미 우리에게 잘 알려져 있다. 비텐베르그에 나붙은 95개조 반박문, 이 반박문으로 종교개혁이 시작되었다.

테첼을 위한 무슨 기념비가 있을까? 라고 생각하지만, 진짜 있다. 테첼은 죽은 뒤 생전에 그가 살았던 도미니카너수도원의 한 부분이었던 파울리너 교회에 장사되었는데, 이곳은 현재 성 파울리 대학교 대강당인 파울리눔(Paulinum)이다. 테첼은 면죄부에 관한 설교를 위해 전국을 돌아다니느라 수도원에 자주 없었지만 그는 여전히 이 수도원의 사제였고 1518년에 이곳으로 다시 돌아왔다. 1519년에 그는 수도원에서 생을 마감했다. 루터는 테첼을 저주하지는 않았다. 테첼이 죽기 직전 1519년 8월 11일에 루터는 그에게 위로의 편지를 보냈다.

파울리눔은 대학건물에 속하며 도심 안에 있는 아우구스 광장(Augusplatz)에 있다. 건물의 한 쪽은 오페라하우스이고 다른 쪽에는 연주 홀인 게반드하우스(Gewandhaus)가 있다. 기념 대강당은 2015년에 완공되었다.

1519
8월 11일에 면죄부 판매상 테첼은 라이프치히에 있는 도미니카너수도원에서 죽었다. 그가 생전 자신의 영혼 구원을 위해 얼마나 많은 면죄부를 샀는지는 알려진 바가 없다.

라이프치히: 튀링어 호프
루터가 저녁 식사를 하고 머물렀던 곳

토마스교회에서 몇 미터 떨어진 곳, 라이프치히의 심장부에 튀링어 호프(Thüringer Hof)가 있는데, 철로 만든 큰 엔틱 샹들리에와 입구에 있는 역사적인 초상화로 인하여 쉽게 알아볼 수 있다. 이 오래된 숙박시설을 가지고 있던 하인리히 슈미데베르그(Heinrich Schmiedeberg)는 루터의 친구였다. 그러므로 루터가 이곳에서 자주 묵었다는 것은 놀랄 만한 일은 아니다.

루터가 1520년에 그의 친구 슈팔라틴에게 보내는 편지에 슈미데베르그가 루터에게 100굴덴의 유산을 남긴다는 유언장을 썼다고 적었다. 이를 증명할 루터의 편지의 원본은 아쉽게도 1943년 폭탄 공격에 소실되었다.

후에 사람들이 루터와 연관한 관광 상품을 만들기 시작했다. 1933년에 루터가 식사했던 작은 부엌은 큰 고급 루터 레스토랑이 되었다. 이 식당의 손님들은 교차 아치형 천장 아래에 자리를 잡고 왕관 형 조명 밑에서 창문에 그려진 루터의 초상화를 감상하며 루터가 먹은 식단으로 식사를 하며 종교개혁가 루터를 기념할 수 있다. 루터의 식단은 국수가 곁들어진 고기 수프로 시작하여 수제로 만든 식초절임 양배추와 독일식 돼지족발과 강낭콩 퓨레가 나오며 끝으로 구운 사과와 백포도주가 차려진다. 한 상 가득이다.

이곳에서 얼마가지 않아 아우어바흐의 숙박시설이 있다. 1525년부터 이곳에는 하숙이 이루어졌다. 하인리히 스트로머 폰 아우어바흐(Heinrich Stromer von Auerbach)는 16세기 라이프치히의 계몽된 지식인이자 루터의 친구였다. 스트로머의 집에서도 루터가 저녁식사를 하였는데, 오늘날과 같은 시설은 아니었다. 오늘날의 시설은 루터 이후에 갖추어졌다.

확실한 것은 라이프치히에는 루터의 죽음을 바라는 많은 적들이 있었다. 따라서 루터는 그의 친구들 집에서만 지냈다. 또 확실한 사실은 루터는 잘 먹고 잘 마시는 사람이었다. 이것을 숙박업을 하는 친구들이 루터에게 제공해주었다. 그러나 주의할 것은 오늘날 이 식당에서 루터의 식단이라는 이름으로 제공되는 모든 음식이 실제로 루터의 식단이라고 믿을만하지는 않다.

튀링어 호프는 부르그 거리(Burgstrasse) 19에, 아우어바흐의 숙박시설은 그림마이센 거리(Grimmaischen Strasse) 2-4에 위치해 있다. 이 두 개의 식당은 시의 중앙부에 있다. 두 곳 다 한 번 들러볼 만한 곳이다.

1520
슈팔란틴에게 쓴 루터의 편지에 의하면 그의 친구 슈미데베르그는 루터에게 100굴덴의 유산을 남긴다고 유언장에 썼다.

라이프치히: 플라이센 성곽
역사적으로 중요한 논쟁이 이루어졌던 곳

사람들은 이렇게 상상할 수 있다. 루터와 멜란히톤은 그들을 지지하는 창과 방패를 든 약 200명의 학생들의 호위를 받으며 라이프치히로 갔을 것이다. 혹시 모를 만일의 사태에 대비해서 그들을 보호하기 위해 이렇게 무장했을 것이다. 공작 게오르그 폰 작센 영주가 그들의 신변보호를 약속하였지만 그 당시도 "힘은 신뢰보다 낫다"라는 원리가 통하였던 시대였다.

게오르그 작센 영주는 종교개혁 사상에 반대했고 이를 거부했다. 그는 이번 라이프치히 논쟁을 통해 루터의 신학은 잘못된 길임을 공식적으로 밝히기를 원했다. 논쟁이 열리는 장소는 플라이센 성곽(Pleißenburg)의 궁정이었다. 1519년 6월 27일에 칼슈타트와 엑크의 설전으로 논쟁이 시작되었다. 루터는 논쟁의 후반부에 나타났다. 논쟁이 이루어진 플라이센 성곽의 궁정의 한 강당은 마지막 끝자리까지 남김없이 꽉 들어찼다. 모든 사람들이 당시의 스타 루터와 그의 지지자들의 발언을 듣기를 원했다. 게오르그 영주도 그의 추종자들과 라이프치히의 신학교수들과 함께 이 자리에 참석했다.

이 논쟁에는 두 명의 다른 사람이 등장한다. 한쪽에는 성스러운 목소리에 비대한 요하네스 엑크. 다른 쪽에는 당시에는 말랐던 루터. 엑크는 교황의 권위를 강조하며 교황청의 무능함을 덮기 위해 열정적으로 연설을 했다. 그러나 루터는 이에 대항하여 교황의 가르침은 오직 유일한 권위인 성경 말씀에 기초한 것이 아님을 말하며 반박했다.

마틴 루터는 나중에 이 논쟁을 상기하며 다음과 같이 말했다. "**엑크는 나를 이단자로 정의하며 내가 사악한 주술을 하는 이교도인 것처럼 몰아세웠다. 나중에는 공회의 권위에 대해서도 논쟁이 일어났다.**" 루터는 이렇게 밝혔다. "**공회의도 잘못할 수 있다. 교황의 수위권은 없다.**" 강당은 술렁거렸고 게오르그 영주는 굉장히 흥분했다. 루터는 나중에 이렇게 말했다. "**처음에는 엑크가 박수를 받았으며 승리자처럼 행세했다. 그러나 이것도 우리가 연설하기 전까지만 이었다.**"

퇴장하는 출구는 서로 달랐다. 루터는 이 논쟁을 통해 두 명의 적을 만들었다. 로마교황청에 루터의 파문장을 통과시키기 전까지는 마음의 안식을 찾을 수 없었던 작센의 영주와 요하네스 엑크였다.

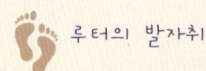

플라이센 성곽(Pleissenburg)은 오늘날 존재하지 않는다. 이 성곽은 1897년에 철거되었다. 이 성곽이 있던 자리에는 새 건물인 시청사가 들어서 있다. 이곳의 거리 이름인 마틴-루터-링(Martin-Luther-Ring) 4-6이 역사를 대변하고 있다. 1905년부터 이 건물에는 시설관리청과 문화예술청이 들어와 있다.

1519
6월 27일에 논쟁이 시작되었다. 주요 대립인물은 엑크와 루터였다.

50 라이프치히: 토마스교회
바흐와 루터가 한 교회에

　토마스교회(Thomaskirche)와 바흐는 떨어질 수 없는 밀접한 관계에 있는데 정작 음악의 거장 바흐의 동상은 교회 바깥 광장에 있다. 그러나 토마스교회는 루터와도 인연이 많다. 1519년 6월 27일에 라이프치히에서 있었던 논쟁은 토마스교회에서 드려진 예배와 함께 시작되었다. 마틴 루터는 토마스교회에서 설교를 하였고 이곳에서 1539년 5월 25일에 성령강림절 설교와 함께 개혁을 단행하였다. 이 중요한 역사적인 사건은 교회 내부에 있는 청동판에 새겨져 오늘날까지 기념하고 있다.

　토마스교회의 역사는 12세기까지 거슬러 올라간다. 1492년과 1496년 사이에 토마스교회는 후기 고딕 양식의 할렌교회로 새롭게 건축되었다. 1702년에 최종적으로 완성된 이후로 건물의 양식은 꼭대기 종탑까지 그대로 남아 오늘날까지 전해온다.

　이 교회에서 1212년부터 토마스 합창단이 결성되어 예배를 섬겨왔으며 이 합창단은 라이프치히의 가장 오래된 예술문화유산이다. 이 합창단은 정치적 종교적인 변화와 충돌에도 불구하고 800년의 세월을 버텨 건재해왔다. 합창단의 가장 중요한 지휘자는 요한 세바스티안 바흐(Johann Sebastian Bach 1723-1750)였다. 토마스교회가 프로테스탄트 교회 음악의 중심이 될 수 있었던 것은 바흐 덕분이었다고 할 수 있다.

　오늘날 토마스교회의 건물 규모는 공식적으로 다음과 같다. 전체적으로 길이가 76미터, 폭이 25미터, 높이 18미터이다. 교회의 지붕은 7개의 층으로 되어있고 교회에는 수많은 예술 작품들이 있어서 시간을 가지고 천천히 둘러봐야 한다. 이 중에 하나를 소개한다면 긴 예배당 건물의 남쪽 창문이다. 창문에 그려진 초상화는 라이프치히 시민들에게 중요한 의미를 가지는 것으로 아끼는 예술품이다. 동쪽에서부터 서쪽까지 나 있는 기념 창문에는 제1차 세계 대전에서 전사한 구스타프 2세 아돌프 폰 스웨덴, 요한 세바스티안 바흐, 마틴 루터와 작센 선제후 프리드리히 현자, 필립 멜란히톤, 펠릭스 멘델스 존 바돌디, 황제 빌헬름 1세, 그리고 2009년 평화기념 그림까지 그려져 있다.

　라이프치히의 다른 특이사항은 종달새 요리이다. 1876년까지 해마다 수백 마리의 종달새가 작센 지방의 전통요리를 위해 포획되었다. 종달새 포획금지령이 선포된 이후로 종달새 모양의 쿠키를 만들어 먹고 있다고 한다.

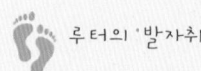

토마스교회는 시 중심부인 토마스키르히호프(Thomaskirchhof)에 있다. 교회 맞은편에는 카페 칸들러(Cafe Kandler)가 있다.

1539
5월 25일 루터는 토마스교회에서 성령강림절 설교를 했다. 이것을 시작으로 라이프치히의 종교개혁이 단행되었다.

51 라이징: 시청사
세계에서 가장 오래된 사회 규칙인 카스텐오드눙이 만들어진 곳

　라이징은 작센 지방의 가장 큰 과수 산지로 분지에 위치하여 목가적이고 전원적인 자연환경으로 둘러싸여있는 아름다운 지방이다. 역사적으로 중요한 의미를 가지는 시교회 성 마태(St. Matthäi)가 있다.
　종교개혁의 시대로 거슬러 올라가 보면 루터의 95개조 반박문 사건이 있은 지 2년 뒤에 이미 시교회 성 마태는 말씀 뿐 아니라 교회행정까지 개혁을 단행하기로 선언한다. 이것이 의미하는 것은 수도원의 규칙과 제정적인 부분에서까지 독립을 의미하는 것이며 이후 교회는 사회적으로 독립했을 뿐 아니라 이와 동시에 "도망간" 사제들까지 도왔다. 라이징 시민들은 루터를 초대하여 산지촌의 사회적인 법규를 세우는 것에 대해 의논하고 조언을 받았다. 따라서 루터는 1522년과 1523년에 여러 날을 라이징에서 머물렀다.
　집중적인 토론이 이루어진 결과물로 "카스텐오드눙"(Kastenordnung)이라는 세계에서 가장 오래된 사회 규칙인 "라이징 헌금 규정"(Leisinger Kastenordnung)이 재정되었다. 마틴 루터가 직접 서문을 작성했다. 카스텐오드눙이라는 이름은 라이징에 있는 큰 4개의 궁성의 궤(Kasten)에서 유래되었는데, 이 궤에는 교회의 재산이 보관되어있었다. 이 문서의 복사본과 해설문은 시교회 입구에 걸려있다.
　이미 1529년에 마틴 루터의 친구인 볼프강 푸에스(Wolfgang Fueß)가 라이징 시교구의 주교장으로 부임하게 되었으며 이로 인해 라이징은 가장 오래된 루터교회의 회원이 되었다. 흥미로운 사실은 1619년부터 이 교회 선조들의 초상화로 군주나 기사들의 초상화가 아니라 대주교의 초상화가 걸려있다는 것이다. 라이징 시의 사회법인 카스텐오드눙에 대해서 좀 더 알아보고 싶다면 슈타트굿(Stadtgut)이라는 건물을 방문하면 된다. 이곳에는 라이징 카스텐오드눙이 연중 전시되고 있다.
　슈타트굿은 16세기 초의 평민의 집이었다. 1510년에 화재로 인하여 일부가 소실되었는데 남은 부분으로 다시 재건축되었다. 역사적으로 아주 귀중한 가치를 지닌 건물로 2004년에 많은 노력을 들여 다시 보수하였다.

슈타트굿은 키르히 거리(Kirchstrasse) 15에 있다. 비스듬히 산 쪽으로 맞은편에 시교회 성 마태가 있다. 산 위쪽 방향으로는 시장 광장이 나오는데 여기에는 시청사(Stadthaus)가 서 있다.

1522
라이징에는 세상에서 가장 오래된 사회법인 카스텐오드눙이 만들어졌다. 마틴 루터가 서문을 썼다.

52 뢰브니츠: 시교회
교회 후원자가 천장의 개축을 지원한 곳

　루터가 살던 시대에는 비텐베르그에서 라이프치히로 가는 가장 빠른 길이 켐베르그와 뢰브니츠(Löbnitz)를 거쳐 가는 길이었는데 이유는 물데 강 위로 이곳에 다리가 나 있었기 때문이었다.

　뢰브니츠교회는 13세기부터 존재했었는데, 삼랑식 낭만주의 양식의 바실리카 장방형 회당 형식이었으며 벽돌로 건축되어졌다. 이후 교회 서쪽 입구 현관을 종탑으로 개축하였고 17세기에 이루어진 또 한 번의 공사로 기둥이 없는 잘키르헤(Saalkirche)로 개축되었다.

　루터는 뢰브니츠에 자주 들렀던 곳으로 보인다. 루터는 한스 폰 쉔펠드(Hans von Schönfeld)와 친구였는데, 그의 여동생 아베 폰 쉔펠드(Ave von Schönfeld)는 1523년 부활절 밤에 도망간 수녀들 가운데 한 사람이었다. 루터는 결혼한 후에 이렇게 말한 적이 있다.

　"내가 만약 13년 전으로 돌아간다면 아베 쉔펠드(Ave Schönfeld)와 결혼을 했을지도 모른다. 그 당시 나의 캐테(루터의 아내 카타리나의 애칭)는 의심이 많아 보였고 고집이 세고 과장되어 보였기 때문에 나는 당시 그녀에게 호감을 가지고 있지 않았다."

　뢰브니츠 시교회(Stadtkirche)는 오늘날 소위 뢰브니츠의 성경이라 불리는 르네상스 목재 천장에 그려진 그림 때문에 매우 유명하다. 이 천장에 그려진 그림은 화려한 색깔로 신구약 성경의 내용을 바탕으로 그려졌다. 사실 이 그림은 임시방편으로 그려진 그림이다. 당시에 독일에는 교회 아치형 천장을 건축할 수 있는 전문 건축가가 부족했다. 따라서 바로크 시대에는 아치형 천장 대신 평평한 천장들이 많이 건축되었다. 교회의 재정 능력에 따라 그냥 석회를 바르고 덧칠을 하거나 아니면 전체적으로 예술적인 그림을 그려 넣기도 하였다. 이때 당연히 성경적인 성화들이 주로 그려졌다. 천장의 그림을 그리는 일은 델리취 출신의 화가 크리스티안 쉴링(Christian Shilling)에게 맡겨졌다. 그는 그림을 천장 판에 바로 그렸으며 그림들은 목재 위에 그려진 초상화 형식으로 만들었다.

　이 천장은 250개의 면으로 나뉘어져 있는데, 10개씩 남북쪽, 25개씩은 동서쪽 방향에 있다. 168개면이 성화로 그려져 있다.

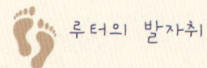

뢰브니츠는 갈탄 광산 때문에 많은 피해를 입었지만 그 사이에 이루어진 복구 노력으로 생태가 복원되어 손색없는 휴양 도시가 되었다. 갈탄 광산으로 생긴 젤하우저 호수(Seelhauser See)는 6.22m² 크기이다. 바드 뒤벤(Bad Düben) 지역과 포우치(Pouch) 지역의 경계선에 걸쳐있는 슈타트 거리(Staatstrasse) 12는 뢰브니츠(Löbnitz)를 관통한다. 남쪽으로 교회가 있는 지역으로는 도로 B183a를 타면 갈 수 있다. 교회는 델리취 거리(Delitscher Strasse)에 위치해 있다.

1691
교회 천장의 그림은 화가 크리스티안 쉴링이 그렸다.

만스펠드
"루터"의 고향

만스펠드는 루터의 유년 시절과 청소년 시절의 추억이 있는 곳이다. 이곳에서 그는 처음 학교에 입학했다. 인상적인 곳이다. 루터의 친척들도 만스펠드(Mansfeld) 지역에 살았다. 루터는 일생 자신을 만스펠드의 아들로 여겼으며 만스펠드의 백작들과 친밀한 관계를 가지고 있었다. 루터 스스로도 "나는 만스펠드의 아들이다"라고 말하곤 했다. 따라서 만스펠드는 루터의 도시라고 일컬을 만하다.

만스펠드는 1400년에 이미 도시로 승격되어 중세시대 번영하던 산업 도시였다. 주요산업은 일찍이 1200년부터 발달한 구리, 은 광산과 구리 제련 산업이었다. 루터의 아버지 한스 루더가 만스펠드로 이사한 이유도 바로 이곳의 산업발전에 있었다. 루터 집안은 사회적으로 높은 신분 층에 속했었다. 루터 집안의 부동산은 공장시설을 겸비한 저택으로 축사들과 큰 창고들이 집 뜰 안에 갖추어져 있었다. 오늘날은 이 큰 저택의 일부분만 보존되어 전해 내려온다.

마틴 루터는 일생동안 만스펠드에 사는 가족들 즉 그의 부모, 세 명의 누나들과 한 명의 남동생 야콥과 아주 친밀한 관계를 유지했다. 남동생 야콥은 아버지 한스 루더의 가업을 이어받아 광산업에 종사했고 만스펠드에서 정치적인 지위도 가지고 있었다. 여기에는 만스펠

드 백작들과의 친밀하고 다양한 인맥이 작용했다고 볼 수 있다.

그러나 백작 가문들과의 관계는 서로 얽혀있어서 쉬운 것만은 아니었다. 종교개혁이 일어나자 만스펠드의 전방지역은 엄격한 가톨릭을 고수했고 중간 지역과 후방지역의 시민들은 개신교 교리의 열렬한 옹호자가 되었다. 종교전쟁이 일어나자 만스펠드의 기사들은 양 진영으로 나뉘어 싸우게 되었다.

1515년에 알브레흐트 백작(Graf Albrecht)은 아이스레벤(Eisleben)의 신시가지에 성 안넨수도원(St. Annenkloster)을 설립하였지만 수도원에 충분한 인력을 확보할 수 없었다. 이에 루터는 그에게 어거스틴수도원 수도승들을 보내주었다.

1518년에 아우그스부르그에서 비텐베르그로 가는 여행 중에 마틴 루터는 그레펜탈(Gräfenthal)에서 알브레흐트 백작을 만난다. 알브레흐트 백작은 루터에게 자신의 집에 묵기를 청했다. 이 사건 이후로 두 사람의 관계는 더욱 우호적이고 가까워져서 오래 지속되었다.

1523년에 백작 미샤엘 슈티펠(Michael Stiefel)은 궁정 설교자로 만스펠드의 궁정에 부임하게 되는데 그는 어거스틴수도원 출신으로 루터의 열렬한 추종자요 루터의 아끼는 제자였다. 슈티펠은 루터의 교리를 궁정에서 뿐 아니라 만스펠드의 시교회에서도 전파했다. 따라서

만스펠트 성과 시 전체가 이미 1520년 초에 프로테스탄트 믿음을 굳건히 가지고 있었다는 것은 별로 놀랄만한 일이 아니었다.

루터는 자주 만스펠트의 백작들을 방문했었는데, 이는 그들 사이에 일어나는 분쟁을 조정하고 해결하기 위해서였다. 1546년 1월의 여행은 루터의 마지막 여행이 되었다. 루터의 아들들이 루터를 동행했다. 그의 중재는 성공적으로 보였지만 루터의 건강은 악화되어 다시 비텐베르그로 돌아갈 수 없었다. 1546년 2월18일에 종교개혁가 루터는 생을 마감한다. 알브레흐트 백작과 백작 부인은 마틴 루터가 영원히 잠드는 임종을 지켜본 증인이 되었다. 백작에게 루터의 죽음은 30년 지기 친구이자 조언자를 잃는 것이었으므로 큰 충격이 되었다. 이후 루터의 제자였던 키리아쿠스 슈팡엔베르그(Cyriakus Spangenberg)가 만스펠트 가문의 목사이자 역사 연대기 기록자가 되었다. 그는 1562년 예배 중에 마틴의 날을 기념하였는데. 이것이 최초로 루터를 기념한 날이 되었다.

그 이후로 만스펠트에서 루터는 사람들의 기억 속에 점차 희미해져 갔다. 19세기 말경에 루터의 생가가 철거될 처지에 놓이자 이때 다시 루터가 재조명되기 시작했다. 루터의 집을 보존하기 위한 단체가 조성되어 루터의 가옥과 부속 건물들을 보존하기 위해 노력했고 1885

 년에 이 집을 다시 개 보수하였다. 아래층은 사회 구제 단체가 입주해 있고, 꼭대기 층에는 마틴 루터의 어린 시절과 학창 시절을 전시하는 박물관으로 사용되고 있다. 이곳은 1936년부터 공식적으로 루터의 박물관으로 인정받았고 근래에 와서 대중들에게 알려졌다.

 종교개혁을 기념하는 유적과 유물로는 루터 생가(Elternhaus)와 어느새 유명해진 박물관과 1913년에 건립된 루터 기념물(Lutherdenkmal), 즉 루터의 샘(Lutherbrunnen)과 예전에 시립학교(Stadtschule, 1893년에 루터학교라는 영예의 명칭을 받게 됨)가 있다. 그리고 마지막으로 성 게오르그 시교회(St. Georg Stadtkirche)가 있다.

53 만스펠드: 루터 생가
루터가 어린 시절을 보낸 곳

가끔씩 도로공사는 생각지도 못한 것을 발굴해내기도 한다. 2003년에 도로를 내는 공사 중에 예전 루터 집안의 땅에서 매립된 쓰레기 더미가 발견되었다. 쓰레기 더미에는 컵, 병마개, 솥 등이 나왔고 이를 통해 당시 루터 가족들의 생활상을 재현해 볼 수 있었다.

1483년 11월 10일에 마틴 루터는 아이스레벤(Eisleben)에서 태어났다. 루터가 태어난 해에 루터의 아버지 한스 루더는 가족들을 데리고 만스펠드로 이사해서 스투펜베르그(Stufenberg) 2에 있는 집에 세 들어 살았다. 이때 세들어 살았던 집은 낡아서 철거되어 남아있지 않다.

한스 루더, 루터의 아버지는 광산 금속 제련소에서 일을 했다. 처음 몇 해는 루터 가족에게 힘든 시기였지만 아버지 한스 루더는 열심히 일하여 성공하게 되었고 시참사회의 원까지 되었다. 1491년에 그는 건너편 골데넨 링(Goldenen Ring, 지금은 루터 거리[Lutherstrassel 26)에 있는 집을 사들였다. 이 집에서 루터는 1497년에 막데부르그로 가기 전까지 부모와 형제자매들과 같이 살았다. 마틴 루터와 8명의 형제자매는 엄격한 교육을 받고 자랐다. 전해지는 바에 의하면 루터의 어머니는 미신적이었으며 아버지는 실제적이고 직선적인 성격의 소유자였다고 한다.

1488년 초에 마틴 루터는 처음으로 성 게오르그교회 옆에 있던 만스펠드학교에 입학했다. 거기에서 그는 읽기, 쓰기, 셈하기, 노래 그리고 라틴어 초급을 배웠다. 마틴 루터는 당시 우수한 학생이었는지 아니면 그 반대였는지 알 수 없지만 어쨌든 노력하는 학생이었음은 틀림이 없었을 것이다. 당시는 회초리가 사용되었고 아버지와 학교 선생님은 자주 회초리를 들었다. 1497년 초 13살이 된 루터는 만스펠드를 떠난다.

2008년부터 루터의 생가는 오랫동안 개보수되어 시 소유가 되었다. 루터의 생가 건너편에는 루터의 어린 시절을 보여주는 박물관이 있는데, 도로공사때 발견한 쓰레기 더미에서 나온 유물들이 함께 전시되어 있다. 이곳에서는 루터 생전의 생활상을 볼 수 있다.

루터 생가와 박물관은 만스펠드 루터 거리(Luthertrasse) 26에 있다. 이 두 건물은 아주 쉽게 찾을 수 있지만 주차하기가 어렵다. 되도록 자동차는 프리덴즈 대로(Friedensallee)에 세워두는 것이 좋다.

1483
한스 루더는 가족을 데리고 만스펠드로 이사해서 슈투펜베르그(Stufenberg) 2, 오늘날 슈팡엔베르그길(Spangenberggasse) 2에 세를 얻어서 살았다.

54 만스펠드: 궁성 만스펠드
루터의 친구들이 살았던 곳

만스펠드 귀족들. 루터는 좋은 친구들이 많았다고 할 수 있다. 1069년에 독일 황제는 만스펠드의 귀족들을 하제(Hase) 주(州)의 주 백작으로 임명하게 되는데, 이 과정에서 이 주(州)에 있는 베티너 가문의 땅을 몰수하게 되었다. 그러자 베티너 귀족 가문은 황제의 명에 반대하게 되었고 급기야 황제의 명을 거부한 것에 대한 벌을 받게 되었다.

만스펠드 귀족들은 우선적으로 광산 개발권과 화폐주조권을 성공적으로 가져왔으며 제련소와 도축시설에 투자했다. 1229년에 만스펠드 가문의 마지막 남자 귀족이 죽게 되자 이들의 재산은 만스펠드 가의 딸들을 거쳐 크베어푸르트 가문의 남자들(Herren von Querfurt)에게 속하게 되었고 이들 가문은 스스로 만스펠드 가문의 귀족이라 칭했다.

이렇게 새롭게 만스펠드 가문이 된 귀족들에게 문제가 하나 있었다. 바로 너무 많은 후손이었다. 한 가정 당 자녀의 수가 6명보다 적은 가정이 없었고 그중 어떤 가정은 자녀수가 무려 22명이나 되었다. 당연히 유산분배가 문제가 되었다. 1501년에 처음으로 만스펠드 지역은 전방 지역, 중앙 지역, 후방 지역으로 나뉘게 되었다. 분쟁을 끝내기위해 상속 받은 유산들은 주(州)에서 공동으로 운영하기로 하였다. 루터도 바로 이 상속 문제를 중재하기 위해 이곳에 들렀었다. 그러나 광산에 들어가는 비용들은 평민들이 모두 지불하였고 세금은 자꾸 올라만 갔다.

종교개혁이 일어나는 시기에는 이 문제로 인한 충돌이 고조되었다. 만스펠드의 전방 지역은 엄격한 가톨릭을 고수했고 중앙과 후방 지역은 루터에게 우호적일 뿐 아니라 열렬한 지지자였다. 1525년에 이 두 지역은 프로테스탄트식 신앙고백을 도입하게 되었다. 여기에서 더 나아가 욥스(Jobs) 1세와 알브레히트(Albrecht) 7세는 1530년에 아우구스부르그 신앙고백(Augusburger Bekenntnis)에 서명까지 했다. 그러나 이 지역 평민에게는 이것 또한 별 도움이 되지 못했다. 프로테스탄트교인들에게도 세금은 과중하게 매겨졌다. 농민 봉기는 유혈사태를 불러왔고 예외 없이 모든 지역을 강타했다.

1563년에 만스펠드의 전방지역에 사는 사람들은 그들의 재산을 새롭게 나누기를 원했다. 그러나 모든 일가들이 이미 많은 빚을 지고 있었기 때문에 그들의 재산은 차압되었고 원래 주인이었던 베티너 가문이 500년이 지나 다시 돌려받게 되었다.

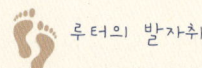

궁성의 주소는 아주 간단하다. 슐로스(Schloss) 1. 그러나 이곳으로 진입하는 길은 그렇게 간단하지 않다. 궁성은 람멜부르그(Rammelburg) 지역에 있다. 만스펠드에서 도로 B242를 타고 14킬로미터 정도 가야한다. 오늘날 이 궁성은 역사적으로 중요한 의미를 가지고 있으며 기독청소년교육과 만남의 장소로 사용되고 있다.

1710
만스펠드 궁성(Schloss Mansfeld)의 마지막 남자 백작이 죽었다 그의 죽음으로 만스펠드 가의 남자 후손이 끊어졌다.

55 만스펠드: 성 게오르그
루터가 미사의 복사로 섬긴 곳

웅장하고 육중한 할렌교회(Hallenkirche)이다. 1497년에 이 교회는 후기 고딕 양식으로 개축되었기 때문에 루터가 복사로 일한 시기는 이 모습이 아니었다. 루터가 섬기던 때는 낭만주의 양식의 건축물이었다. 그러나 루터도 오늘날의 모습인 할렌교회를 알았는데 이는 후에 루터가 자주 그의 고향인 만스펠드에 왔었기 때문이다.

그런데 정작 오늘날 우리는 이 모습의 할렌교회를 못 볼뻔했는데, 이유는 세월이 흘러 건축자재들이 낡아져 교회 건물 자체가 거의 폐허가 되었기 때문이었다. 가장 시급하게 비와 눈 등의 피해로부터 건물을 보호하기 위해 지붕이 수리되어야만 했었다. 통독 이후에 루터 업적과 유물을 보존하기 위한 재원이 마련되었다. 이 프로그램에 의해 루터가 미사의 복사로 섬기던 교회를 복원하게 되었다.

이로써 만스펠드는 명실상부 루터의 땅이 되었다. 맨 먼저 웅장한 지붕을 복원하는 것부터 시작했다. 지붕 공사가 마무리되자 빗물을 받아내던 세수대야와 양동이는 마침내 내다 버릴 수 있었다. 그동안 교회 내부에 있던 예술품들이 심하게 훼손될 수밖에 없었다. 훼손되어진 예술 작품들은 복원 전문가에게 맡겨졌다. 그중 특이한 것은 큰 발코니 앞부분에 그려진 그림이다. 이 그림이 그려진 시기와 화가가 정확하지 않다. 여러 편의 그림으로 이루어진 이 그림은 신약의 내용을 담고 있다. 예술역사학자들은 이 그림의 내용이 키리아쿠스 슈팡엔베르그(Cyriakus Spangenberg, 1528-1604)와 연관이 있을 것이라 추측한다. 신학자이자 루터의 제자인 그는 1553년에 만스펠드 시와 궁의 설교자로 부름을 받게 된다. 그는 열렬한 종교개혁의 지지자였으며 그가 이단자로 몰리기까지 과감한 개혁을 이어나갔다. 1575년에 막데부르그의 대주교 군대가 쳐들어오자 슈팡엔베르그는 만스펠드를 떠나 도망갈 수밖에 없었다.

예술역사학자들은 "이 시기에 발견되는 그림들은 모두 정도의 차이는 있지만 조금씩 이 종교분쟁을 담고 있다"라고 한다. 이 연구가 계속 진행된다면 그 결과를 우리도 알 수 있게 될 것이다.

이 교회에서 중요한 볼거리는 화가 크라나흐의 작품인 예수님의 부활(Auferstehung Christi)이라는 그림이다. 흥미로운 것은 루터의 초상화(1540)이다. 이 그림은 유일하게 루터의 전신을 담고 있는데, 사제복을 입고 있는 루터의 모습이다.

1553
신학자이자 루터의 제자인 슈팡엔베르그는 만스펠드 시와 궁의 설교자로 부임했다.

뫼라: 루터의 뿌리
루터의 혈족이 살던 곳

처음 인상은 아름다운 골조목재 집이다. 1257년에 역사 문헌에 언급되어 나온다.

뫼라(Möhra)는 루터의 조상들이 살 던 곳이다. 처음 나타나는 기록에는 마틴 루터가 뫼라에서 머물렀다고 나온다. 1521년 5월 3일에서 4일로 넘어가는 밤 납치되기 바로 전에 이곳에 들러 감동적인 설교를 했다고 한다.

루터 가문의 성이 조금씩 다르게 나타나는데 이들의 조상은 약 1302년으로 거슬러 올라가면 뫼라에 거주했던 비간드 폰 뤼더(Wigand von Lüder) 기사 출신의 귀족 가문으로 원래는 그로스뤼더(Großlüder)라는 지역에서 살던 "뤼더 출신"(von Lüder)이다. 이 지역의 지역명 자체가 조금씩 다르게 쓰여진다. 루오데라(Lodera)에서 루타르(Lutar)까지 여러 가지인데 당시 지역명을 바꾸는 전통이 있었다고 한다.

루터 혈족은 부유하였다. 16세기에 뫼라에서 이미 5개의 농장을 소유한 부유한 토착 농가였다. 뫼라 주변 지역에도 루터 집안사람들은 널리 퍼져 살았다. 루터가 이렇게 말한 적이 있었다.

"나의 큰 가문은 이 지방 거의 모든 지역을 소유하고 있었다."

루터 가문의 실제적인 조상의 집은 이제 더 이상 존재하지 않는다. 아마 이 집은 교회 근처에 있었을 것임에 틀림이 없다. 오랫동안 조르그길(Sorggasse)에 있는 랑에 한스 게오르그 루터의 집이 루터의 종가로 잘못 알려져왔다.

루터의 부모가 만스펠드로 이주를 하고 광부의 아들로 세상에 태어났지만 루터는 자신이 농군 출신이라는 것에 가치를 두었다.

"나는 아이제나흐 옆에 있는 뫼라 출신으로 농군의 아들이다."

당시에 교회 산에 서있던 예배당은 오늘날의 제단실 정도의 규모였다. 이 예배당은 16세기에 확장공사가 이루어져 오늘날의 루터교회로 증축되었다. 1536년에서 1540년까지 이곳에서 목사 하인리히 헤르만(Heinrich Hermann)이 사역했다. 그는 이곳에 개혁을 단행했다. 시장 광장에는 루터 기념상이 있다.

뫼라는 도로 B19를 타고 국도 L1023에서 빠져나오면 도착한다. 관광 정보는 뫼라 영농조합건물(Dorfgemeinschaftshaus)에 있는 루터의 방(Lutherzimmer)에서 얻을 수 있다. "마틴 루터와 뫼라"라는 주제로 열리는 전시를 가면 종교개혁가 루터의 조상이 살던 뫼라를 경험할 수 있다.

1512

마틴 루터는 자신의 태생을 이렇게 말했다. 루더(Luder)로 부터 난 루터(Luther). 또는 루터는 우회적으로 자신을 라틴어로 "엘레우테리우스"(*Eleutherius*)라고 쓰기도 하였는데, 이를 통하여 그는 자신의 이름에 새로운 의미를 부여하려했다. 즉 지금부터 나는 "자유로운 자"이다.

57 뮐하우젠: 코른마크트교회

농민 봉기를 기념하는 곳

뮐하우젠(Mühlhausen)은 건축학적으로 중요한 곳이다. 11개의 고딕 양식의 교회와 거의 완벽하게 보존되어 있는 시 외곽성벽, 화려한 시청사, 오래된 회당 등이 있다. 오래 전부터 이미 탑과 성문들과 교회들로 유명한 곳이었다. 59개의 교회 종탑과 성벽들은 도시의 이미지를 결정짓는데, 시의 옛 이름인 "물후시아 툴리타"(Mulhusia turrita)는 종탑이 많은 뮐하우젠이라는 뜻이다. 중세시대에 뮐하우젠은 에어푸어트로 가는 길에 있는 튀링엔 주의 중요한 도시였다.

루터시대 때는 급진적인 개혁을 주장했던 토마스 뮌처가 뮐하우젠에 있는 마리엔교회에서 설교하였으며 독일 농민 전쟁시대 혼란의 정중앙에 있는 도시였다. 1524년과 1525년 토마스 뮌처(Thomas Müntzer)는 농민들을 선동하는 설교를 하였으며, 그의 설교는 큰 성공을 거두었고 불만이 많았던 농민들은 그의 설교에 열광하였다. 그는 특히 마리엔교회에서 설교하기를 좋아했다. 이곳에는 그의 기념관이 있다. 뮌처는 농민 전쟁의 영적인 지도자이자 종교개혁 양 진영 중 급진파 진영이었다. 바드 프랑켄하우젠(Bad Frankenhausen)에서의 농민 봉기가 실패로 돌아간 후 그는 붙잡혀서 뮐하우젠의 성문 앞에서 처형 되었다.

이 당시의 시대상은 코른마크트(Kornmarkt)에 있는 성 크루시스수도원교회(St. Crucis Klosterkirche)를 방문하면 경험할 수 있다. 이 수도원교회는 원래 탁발수도회였다. 이 수도원 건물은 1975년에 완전히 새롭게 다시 재건축되어서 토마스 뮌처의 박물관으로 사용 중이다. 교회 건물의 큰 예배당은 토마스 뮌처의 기념관이다. 독일 농민 전쟁에 대한 전시관은 농민 전쟁의 과정과 정점과 전쟁이 끼친 영향에 대하여 자세히 알려준다.

이외에도 뮐하우젠은 독일 프로테스탄트교회 음악의 중심지이다. 삼랑식 예배당을 가진 할렌교회인 디비 블라시이(Divi Blasii)교회는 요한 세바스티안 바흐의 활동무대였다. 마리엔교회에서는 젊은 바흐가 작곡한 라츠발칸타타(Ratswahlkantate)*가 처음으로 연주된 곳이기도 하다.

오늘날 뮐하우젠에서 생산되는 플라우멘무스(Pflaumenmus)**가 유명하다. 1908년도부터 이어지는 요리법대로 플라우멘무스가 만들어진다고 한다.

* 바흐시대에 해마다 교회의 원로들을 뽑는 선거 때에 연주되었던 칸타타이다.-역주
** 우리나라의 자두와 비슷한 열매인 플라우멘을 갈아서 설탕을 넣고 졸인 음식이다.-역주

뮐하우젠에 있는 유명한 유적은 이미 앞에서 설명을 했다. 많은 교회와 역사적인 건물들이 있는 아름다운 옛 도시는 꼭 한번 시간을 내어 가볼만하다.

1525
바드 프랑켄하우젠에서 농민 봉기가 실패하자 토마스 뮌처는 붙잡혀서 뮐하우젠의 성문 앞에서 처형당하였다.

58 노이키어리치쉬: 기념상
새로운 삶이 있는 곳

본래 이 기념물은 노이키어리치쉬(Neukieritzsch)에 속한 것이 아니고 루터의 미망인 카타리나 폰 보라의 상속 토지인 쵤스도르프(Zöllsdorf)에 있었던 것이다. 쵤스도르프에서 카타리나는 비텐베르그의 대가족을 먹이는 모든 것들을 이곳에서 직접 농사짓고 길러냈다.

자 이제부터 노이키어리치쉬에 있는 루터 기념상을 만나러 가보자. 이 기념상은 카타라나와 마틴 루터의 얼굴 형상에 철을 부어 만든 부조이다. 1884년에 만들어진 이 기념상(Denkmal)의 원래 소재지는 쵤스도르프로 이곳은 후에 광산 개발의 희생물로 사라진다. 따라서 오늘날 이 기념물은 노이키어리치쉬 중앙 광장에 서 있다. 기념물의 뒤쪽에는 다음과 같은 문구가 새겨져 있다. "쵤스도르프 1540년 루터가 미망인으로 남을 카타리나를 위해 구입." 이 기념상이 있는 지역인 노이키어리치쉬는 별로 루터와 연관된 것이 없기 때문에 기념상이 있는 곳으로 적합해 보이지 않는다. 그러나 우리는 이곳에서 갈탄 광산 개발로 희생된 것들을 생각해 볼 수 있다.

얼마나 많은 곳이 준설기 중장비에 의해 갈아엎어졌는가?

얼마나 많은 사람들이 이로 인하여 고향을 떠나야 했는가?

물론 독일 정부는 모든 것이 민주적인 절차로 이루어졌고 갈탄 광산 개발로 희생된 사람들에게는 충분한 국가적인 보상을 했다고 말한다. 그래서 어쩌면 지금 그들은 훨씬 경제적으로 더 나은 삶을 살아가고 있을 수도 있다. 그러나 우리는 갈탄 광산 개발이 국토를 훼손했고 역사의 흔적들을 지워버렸다는 것을 생각해야한다. 이 지역이 갈탄 광산으로 인하여 독일에서 가장 광범위하게 개발된 지역이지만 여러 가지 복구 노력으로 오늘날은 완전히 다른 모습이다. 20년 전만해도 광산 개발과 산업으로 이 지역 전체가 가장 심하게 훼손되어 있었지만 그후 새로운 자연과 환경으로 회귀하기 위한 노력이 잇따랐다. 이로 인하여 인공섬도 생겨났다. 그리고 아주 큰 규모의 공원도 생겨서 산책에서부터 해양 스포츠까지 각종 여가활동을 할 수 있게 되었다. 그래서 이 공원에 있으면 혹시 독일 전체가 공원이 아닌가 하는 착각이 들 정도이다.

노이키어리치쉬는 위치상 중간 지역에 있어서 지역의 통합이 난제이다. 갑자기 도시 개발로 많은 지하철역이 생기면서 교구 위원회는 역 이름을 짓는데도 서로 싸웠다. 사람들은 또 기념물을 세우는데도 의견차가 많이 있어서 이를 모두 충족시키려면 아마 훨씬 더 많은 기념물들이 세워져야 할지도 모르겠다.

노이키어리치쉬는 본래 여러 작은 다른 지역에 있었던 교구들을 통합해서 만들어졌다. 따라서 한 공동체로 가기에 전체적으로 힘든 부분이 있다. 도로 B176을 타고 기차역 쪽으로 달리면 반호프 거리(Bahnhofstrasse)를 지나 시장 광장에 도달한다.

1540
루터는 췰스도르프의 농장을 그가 죽은 후 혼자 남겨질 아내 카타리나를 위해 사 두었다. 이것은 그의 아내를 위한 노후보험과 같은 것이었다.

그림마: 님브쉔수도원
수녀들이 해방된 곳

당시 여자들은 사회적인 활동이 어려웠다. 가장 좋은 방법은 수도원으로 가는 것이었다. 1291년에 수녀들이 님브쉔(Nimbschen)에 새롭게 만들어진 수도원으로 옮겨왔다. 엘베와 물데(Elbe und Mulde) 강 유역에 있는 넓은 지역이 수도원의 재산이었다. 그러나 수도원생활은 큰 도약을 하지 못했다. 수도원은 약 15세기 말 경제적으로 힘들어졌다. 당시의 수도원은 자급자족해야 하는 기업과 같았다. 능력 있는 경영이 중요했다. 종교개혁으로 인하여 좀 나아지는 듯 했다. 어쨌든 1520년대에는 수도회와 수도원이 재정적으로 좀 더 건전해지기는 했다.

1509년에 카타리나 폰 보라는 님브쉔으로 왔다. 그녀의 아버지는 그녀를 위해 종교적인 길을 정해두었다. 이미 두 명의 친척이 이 수도원에 있었다. 1515년 10월 8일에 카타리나는 수녀로 일생 헌신하기를 맹세한다. 이때는 바로 종교개혁의 사상이 수도원의 담을 넘어 퍼지던 해였다. 아마 열띤 토론이 수도원 내에서도 벌어졌을 것으로 짐작된다.

모든 것을 뒤로하고 특히 엄격하게 통제된 수도원생활을 청산하고 나오는 것은 틀림없이 쉬운 일은 아니었을 것이다. 1523년 부활절 밤 12명 수녀들의 탈출은 여사제들의 사회를 흔들어놓았을 뿐 아니라 개인의 삶과 생각을 중요시하는 새로운 사회로의 도약을 예고하고 있었다.

1529년에 이 수도원에는 개신교적인 기본 교리가 도입되어 예배가 이에 준하여 이루어졌다. 1536년에 여 수도원장이 죽은 후 이 수도원은 해체되었고 수도원이 운영하던 공장은 수도원 관리인에 의해 계속 운영되었다. 1550년에서 1948년까지 님브쉔의 수도원은 그림마의 왕립학교 소속이었다. 수도원 땅의 임대 수익은 사회적 지위와 상관없이 재능 있는 학생들을 위한 장학금으로 사용되어졌다.

이곳에서 볼만한 것은 당연히 평화스러운 수도원 유적지이다. 옛날이나 지금이나 이 유적지는 물데 강 유역에서 일어나는 홍수의 위험에 놓여있다.

수도원 님브쉔 호텔에서는 역사적인 스토리를 경험할 수 있으며 역사에 잠길 수 있다. 좀 더 새로운 것을 경험하고 싶으면 정기적으로 열리는 학술회나 문화박물관 등을 방문해도 좋다.

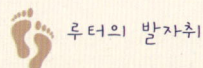

그림마에서 님브쉔의 국도(또는 B107)를 타고 남쪽으로 물데강을 따라 2.5킬로미터 달리면 왼쪽 편에 님브쉔 호텔이 보인다. 호텔 뒤쪽의 눈에 잘 띄지 않는 곳에 수도원의 남은 유적지가 있다.

1515
10월 8일에 카타리나 폰 보라는 수녀로서 자신을 헌신하기로 하였지만 8년 후에 동료 수녀들과 함께 이 수도원을 떠났다.

노드하우젠
"한자 동맹"의 도시

"나는 하르쯔(Harz)지역에서 이렇게 빨리 복음을 받아들여 순종한 도시는 노드하우젠(Nordhausen) 밖에 없다는 것을 알고 있다. 또한 그렇기 때문에 노드하우젠은 하나님 앞에서 모든 다른 곳보다 영광스러운 삶을 살게 되었다."

마틴 루터는 이렇게 말함으로 노드하우젠의 빠른 개혁의 시작을 찬양했다. 루터는 직접 이곳을 두 번 방문했다. 1516년에는 본인이 있었던 어거스틴수도원(Augustinerkloster)도 방문했다. 1522년에 어거스틴은자회의 수도원장 로렌쯔 쥐세(Lorenz Süße)가 최초의 개신교 설교를 하였다. 그로부터 2년 후 노드하우젠 시는 공식적으로 개혁을 받아들일 것을 의결한다. 여기에 결정적인 힘이 된 사람은 시장 미샤엘 마이엔부르그(Michael Meyenburg)였다. 1524년에서 1546년 사이에 성 블라지이(St. Blasii)교회에서 사역하였던 종교개혁가 요하네스 슈팡엔베르그(Johannes Spangenberg)도 노드하우젠에 살았다. 그는 노드하우젠의 학교 제도를 개신교적인 양식으로 전환시킨 장본인이다.

1493년에는 마틴 루터의 친밀한 동역자였던 유스투스 요나스(Justus Jonas)가 태어났고 개신교 신학의 중요한 창립자 중의 한 사람인 필립 멜란히톤도 이곳 출신이다. 루터는 급진적인 개혁을 주장하는 토마스 뮌처의 등장을 달가워하지 않았다.

　토마스 뮌처의 영향 때문에 그는 직접 노드하우젠을 방문해야겠다고 생각했고 1525년 4월에 두 번째 이곳을 방문하여 설교를 했다. 그는 성도들에게 세속적인 질서와 지도자들에게도 순종의 자세를 가져야한다고 설교했다. 나중에 그는 이 설교에 반응하는 농부들의 모습을 이렇게 묘사했다.

"몇 명은 나를 조롱하고 물건을 두드리며 야유했다. 내가 만약 그때 방패와 칼로 무장했더라면 바로 그들을 향하여 돌진했을 것이다."

　이 설교 후의 결과로 루터는 농민 봉기 지역을 둘러보는 여행 일정을 중단해야했고 다음과 같은 문구를 담은 현수막을 각 지역에 써 보냈다.

"강도와 살인자와 같은 농민들을 대항하여"

　노드하우젠의 역사는 카롤링거왕조(780)로 거슬러 올라가며 1430년부터는 "한자 동맹"에 속한 도시였다. 시청 앞에 있는 로란드-상(Roland-Figur)은 노드하우젠의 자존감을 상징한다. 노드하우젠은 이 지방의 질 좋은 곡물과 씹는 담배 생산으로 부유한 도시였다. 그러나 종교개혁 이후 이 지방의 특산물 가격이 떨어졌고 여기에 더하여 재앙이 닥쳐왔다. 흑사병, 30년전쟁, 마녀사냥. 도시의 몰락은 고통스러웠다.

　중세시대 12개였던 교회 중에 오늘날 단지 한 개의 돔 성당과 블라지이교회(Blasiikirche), 프라우엔베르그교회(Frauenbergkirche) 그리고

알텐도르퍼교회(Altendorfer Kirche)가 남아있다. 적어도 이곳에서 루터의 발자취를 찾아 볼 수 있을 것이다.

블라지이교회(Blasiikirche)는 노드하우젠에서 가장 큰 개신교교회로 1234년에 처음 문헌상에 등장한다. 거룩한 십자가 대성당(Dom zum Heiligen Kreuz)은 961년에 만들어졌고 1220년에 대성당 주교가 관할하던 종교재단 건물로 사용되기도 했다. 30년 전쟁 이후에 경제적으로 피폐해졌고 이 후로 건물 전체가 많이 훼손되었다.

프라우엔베르그교회인 **새로운 사역의 성 마리아들**(St. Mariae novi operis)는 1200년대 문헌에 나오는 가장 오래된 기념할만한 건축물 중 하나이다. 이 교회는 원래 삼랑식 낭만주의 교차형식의 바실리카회당교회로 치스터친즈너-수녀수도원(Zisterzinsner-Nonnenkloster) 소속이었다. 종교개혁 이후 수도원은 1536년에 여학교 건물로 사용되어졌다. 이 교회와 비슷한 교회로 **알텐도르퍼교회**(Altendorfer Kirche)가 있다. 이곳에는 후에 동독 시절 체제에 반대하는 평화시위를 위한 저항 세력이 조직되기도 하였다. 페터스 산(Petersberg)중앙에는 한눈에 들어오는 62미터 높이의 **페트리 종탑**(Petriturm)이 우뚝 솟아 있다. 약 1220년에 건축된 **성 페트리**(St. Petri)에서는 시의회가 천거한 어거스틴은자수도회의 수도원장이었던 로렌쯔 쥐세가 1522년 2월 16일 처음으로 개

신교 복음 설교를 하였다. 이 교회는 성경대로 주님의 포도원이었다.

마지막으로 1360년대 건물인 **시청사(Rathaus)**가 있다. 이곳에서 노드하우젠에 종교개혁을 위한 시참사회의가 열렸다. 당시의 시장이자 시의회 의장은 미샤엘 마이엔부르그였다. 시청 건물은 1907년 유겐트 양식(Jugendstil)*으로 개보수되어져 예술회관으로 사용되어졌다. 건물의 이름만이 종교개혁 역사를 기억하고 있다.

노드하우젠은 근대에 와서 많은 불행한 역사를 겪었다. 미국 군대의 진입 일주일 전에 두 번의 영국 공군의 공격으로 시의 3/4이 파괴되었다.(1945년 4월 3일과 4일) 8,800명의 사람이 죽었고 20,000명이 집을 잃고 길거리로 나와야했으며 10,000채의 집이 파괴되었다. 그뿐 아니라 병원과 수많은 역사유물들이 부서져 바닥으로 내려앉았다. 1950년대와 1960년대에 걸쳐 시 중심가는 사회주의 건물들이 들어섰다. 그래서 역사적인 유물과 유적들은 많이 남아있지 않다. 사람들이 노드하우젠을 떠나는 이유 중의 하나일지도 모르겠다. 이 지역은 많은 교회의 통합에도 불구하고 오늘날 겨우 42,000명의 성도들만이 남아 있다. 정말 안타까운 일이다.

시청 앞에 있는 로날드 상만이 좋았던 그 시절을 기억하고 있다.

* 19세기 말부터 20세기 초에 독일에서 일어난 예술 양식-역주.

60 노드하우젠: 성 페트리
루터가 브랜디를 맛본 곳

페터스 산(Peterberg)은 낮은 산으로 그 위에 62미터 높이의 페트리 탑이 서 있다. 누구나 볼 수 있는 곳에 위치한 덕분에 이 탑은 시의 상징물로 꼽힌다. 교회 건물은 1362년에 지어졌다. 중세시대에 이 종탑에는 건물 벽에서 돌출되어진 전망창이 4개 있었다. 그러나 나중에 이 중 2개를 철거하고 이 자리에 전망대가 만들어져 이곳에 서서 주일이나 기념일에 나팔을 불었다. 제2차 세계 대전 때 많은 사람들이 이 건물로 피신하였는데, 교회 건물 자체가 공격에 무너지는 바람에 건물과 함께 모두 죽임을 당했다. 전쟁 이후에도 교회 건물은 다시 복원되지 못했다.

그래서 성 페트리교회(St. Petri-Kirche) 중에 남아있는 것은 유일하게 종탑 한 개이다. 이 종탑은 오늘날 전쟁의 파괴력에 대한 경고의 메시지를 준다. 1994년부터 종탑의 꼭대기는 전망대로 사용되고 있다. 종탑 주위는 녹지이며 2004년에 2차 튀링엔 조경대회를 통해 조성된 주위 정원으로 인하여 참으로 아름답다. 오늘날 성 페트리 종탑은 전쟁의 위험을 절대 잊지 말 것을 경고한다.

우리가 잊지 말아야 할 것은 또 하나 노드하우젠과 루터의 에피소드이다. 23살 때 루터는 처음으로 자유롭고 부유한 노드하우젠에 왔었다. 그로부터 1년 후에 노드하우젠 산의 브랜디가 **"노드히저 브란트바인"**(Nordhisser Branntewyn)이라는 이름으로 역사기록에 나타난다. 개혁자 루터 또한 이 브랜디 맛을 보고 이런 말을 남겼다.

"드세요, 잘 숙성된 것을! 마시세요, 맑고 붉은 진품을!"(Iss, was gar ist, trink, was klar ist, red, was wahr ist)

이 대사로 루터가 노드하우젠 산 브랜디 광고를 찍어도 될뻔했다. 루터는 잘 먹고 잘 마셨다고 알려져 있다. 누구나 열심히 일하면 또한 즐길 수 있는 것이다. 그런데 먹고 마시고 즐긴 대가를 지불하기 위해 면죄부 판매를 해서는 안되며 스스로 지불할 능력 안에서 이루어질 때 얼마든지 가능하다. 동독 시절 VEB 노드브랜디는 동독 전체에서 가장 규모가 크고 현대적인 알코올 생산자였으며, VEB 담배는 가장 큰 담배 생산자였다.

목사이자 어거스틴은자수도회의 수도원장이었던 로렌쯔 쥐세는 1549년에 죽은 후 성 페트리교회에 묻혔다.

종탑은 페터스 산 위에 서 있다. 이 낮은 산은 법원이 있는 위쪽 지역의 루돌프-브라이트 거리(Rudolf-Breit-Strasse)와 포뎀-포겔 거리(Strasse Vordem-Vogel) 사이에 위치한다.

1507
노드하우젠에서 생산한 과일주는 "노드히저 브란트바인"이라는 상표를 가지고 출시되었다.

61 노드하우젠: 성 블라지이교회
수차례 개보수가 이루어진 곳

약 1230년에 성 블라지우스(Blasius)를 기념하여 교구교회를 세웠다. 1487년부터 1490년 사이에 삼랑식 할렌교회로 개축되었다. 교회의 겉모습은 웅장해보이지만 실제로는 견고하지는 않는데, 교회 건물의 건축재료가 석회 모르타르로 경석고이기 때문이다. 따라서 오늘날도 이 교회 건물을 보존하는데 많은 문제와 어려움이 있다. 어쩌면 벌써 이 건물을 포기했어야 했을지도 모른다.

종교개혁의 중심에 있는 인물 중 한 사람인 요하네스 슈팡엔베르그는 루터가 신뢰하던 최측근으로 1524년 4월 10일에 처음으로 개신교 설교를 했다. 바로 그가 성 블라지이 교회(St. Blasii-Kirche)에서 사역했다.

1634년 4월에 두 개의 교회 종탑 중 하나가 번개로 인하여 불타게 되었다. 그 이후에 불에 탄 종탑은 원래 규모보다 훨씬 작게 다시 복구되었다. 이로 인하여 생긴 비대칭교회 탑은 시의 상징물로, 한 교회 건물에 서로 다른 종탑은 오랫동안 대체할 수 없는 상징성을 가지게 되었다.

그리고 측면에 있는 예배당 건물은 1945년 4월에 영국군의 공중 폭격 때에 건물의 여러 군데가 파손되었다. 이 때문에 블라지이교회는 수십 년 동안 제한적인 공간만 사용할 수 있었으며 수차례의 유지보수 공사에도 불구하고 붕괴의 위험을 안고 있었다. 그래서 2002년에서 2004년까지 대대적인 보수 공사가 이루어졌고 이로 인하여 다시 안전한 건물로 거듭났다. 2004년 성탄강림절에 다시 건물이 개방되어 사람들이 들어갈 수 있게 되었다.

제2차 세계대전으로 인하여 수많은 예술품들이 훼손되어 지금은 몇 개 밖에 남아있지 않다. 그중 가장 중요한 것은 1558년에 루카스 크라나흐의 아들이 그린 그림으로서 시장이자 종교개혁가인 미샤엘 마이엔부르그를 기리기 위해 그의 묘비에 그린 것이다. 그림의 내용은 베다니에서 나사로가 예수님에 의해서 다시 살아난 모습이다. 나사로의 오른 편에 종교개혁가들을 그려놓았는데, 그중에 마틴 루터, 요하네스 슈팡엔베르그, 유스투스 요나스, 요하네스 부겐하겐과 요한 폴스터 그리고 에라스무스 폰 로테르담이 그려져있다.

블라지이교회는 블라지이-키르히호프 광장 (Blasii-Kirchhofplatz)에 있다. 이곳으로부터 200미터 떨어진 돔 거리(Domstrasse)에 성스러운 십자가 대성당(Dom zum Heiligen Kreuz)이 위치해 있다. 시장 광장에 있는 시청사는 반대 방향으로 300미터 거리에 있다.

1524

4월 10일에 요하네스 슈팡엔베르그는 블라지이교회에서 처음으로 개신교 설교를 했다.

62 페터스베르그: 수도원과 교회
묵상을 할 수 있는 가장 좋은 곳

이곳은 세속을 벗어난 산의 꼭대기로 하르쯔(Harz) 산맥과 우랄(Ural) 산맥 사이에 위치한, 소위 가장 높은 산이자 1124년에 어거스틴수도원재단(Augustiner-Chorherrenstift)이 설립된 곳이다. 원래는 라우터베르그(Lauterberg)로 불렸으나, 14세기 이후부터 재단 설립자의 이름을 따라 페터스베르그(Petersberg)라고 명명하게 되었다.

대회당은 삼랑식 십자 모양으로 이어진 건물이다. 산이라는 특수한 환경 때문에 회당 건물은 특이한 분할로 지어졌다. 가장 긴 예배당 건물은 서쪽 측면에 우뚝 서 있는 탑 높이보다 불과 얼마 더 길지 않다. 산 중턱에 건물이 지어졌으므로 계단식으로 밀실이 지어져있다. 종교개혁 당시에 건물은 상당히 어려움을 겪어야 했다. 1565년에 번개와 화재로 거의 완전히 전소되었고 남은 부분도 계속 무너져갔다. 19세기 낭만주의시대에 사람들은 다시 이 건물에 주목하게 되었고 괴테와 쉰켈(Schinkel)은 건물의 남은 부분을 보존하고 복원해야 한다고 주장하였다. 이에 프로이센 정부가 재정지원을 약속하며 나섰다. 수도원 부속교회 성 페트루스(Stiftskirche St. Petrus)는 1853년에서 1857년 사이에 원래 모습 그대로 복원되었다. 1857년 9월 8일에 입당예배를 드렸다.

이렇게 복원된 교회는 아주 인상적인 분위기를 풍긴다. 왜냐하면 낭만주의 양식의 회당으로 복원되었기 때문에 건물 내부는 12세기 느낌이 그대로 묻어난다. 특히 랑하우스(Langhauses)에 있는 중앙 본당은 교각이 특징적인데, 각 4개의 교각으로 8각형 횡단면으로 이루어져 있다.

수많은 사람들이 역사적인 장소인 이곳을 방문하고 있다. 1999년부터 이곳 수도원의 전통을 셀비츠(Selbitz) 지역의 개신교 형제회가 받아들여 계승하고 있다. 수도원 부속교회는 오늘날 수도원 페터스베르그의 예배장소이며 페터스베르그 산기슭에 있는 마을의 개신교 교구교회이기도하다. 오늘날 이곳에는 고요히 자신을 발견할 수 있는 명상의 시간이 규칙적으로 열린다. 그런데 루터가 이곳을 들렀는지, 그리고 설교를 했는지, 혹시 살았었는지는 알려진 바가 없다.

제2차 세계 대전 당시 많은 예술품들이 사라졌다. 이 교회 앞에 서면 전쟁의 고통을 느낄 수 있다. 따라서 이곳을 방문하면 가슴이 아플 수 있다.

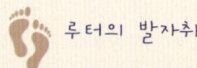

수도원 부속교회는 고속도로 A14를 타고 넬리쯔(Nehlitz) 지역을 지나면 나온다. 페터스베르그에서 알테 할레쉐 거리(Alte Hallesche Strasse)를 지나 산 쪽으로 가는 길로 꺾어 들어오면 된다. 수도원에는 주차공간이 없다. 따라서 차를 세워두고 산 쪽으로 난 길을 잠시 걷는 것도 좋다. 이 길로 가면 바로 수도원이 나온다.

1857
9월 8일에 페터스교회는 다시 복원되어 입당예배를 드렸다. 이때 프로이센의 국왕 부부가 참석하였다고 한다.

63 로흐리츠: 기념 동상
요한 마테시우스가 태어난 곳

로흐리츠(Rochlitz)에는 기억할만한 사람이 요한 마테시우스(Johann Mathesius)인데 그는 루터의 동역자로 1504년에 로흐리츠에서 태어났으며 그의 셋째 아들 볼프강 마테시우스는 로흐리츠의 시참사회 의원이었다. 그의 부모는 물데(Mulde) 강 유역의 블라이히 광장(Bleichplatz)에 살았다. 마테시우스는 로흐리츠 지방학교(Rochlitzer Ortsschule)를 다니며 가톨릭 교리와 라틴어 문법 수업을 들었고, 읽기와 쓰기를 배웠다. 그는 광산 사업을 하였고 지역의 영향력 있는 유지에 속했다.

그러나 1517년에 로흐리츠의 광산 사업은 쇠퇴의 길로 접어들었고 이로 인하여 부유했던 집안의 가세가 기울어졌다. 그러자 요한은 할머니가 살고 있던 미트바이다(Mittweida)로 이사를 한다. 1521년에 그의 아버지가 죽자 젊은 요한은 마음을 잡지 못하고 방황하며 뉘른베르그, 잉골슈타트, 뮌헨으로 떠돌아 다녔다. 이런 곳에서 그는 루터의 교리와 루터에 관해 접하게 되었고 종교개혁의 열렬한 지지자가 되었다.

요한 마태시우스는 마틴 루터를 개인적으로 알고 배우기를 원했다. 그래서 그는 실제 비텐베르그로 가서 신학공부를 시작했다. 그러나 그는 공부를 시작한지 얼마 안되어서 학업을 중단해야만 했다. 이유는 돈이 부족했기 때문이었다. 그는 이후로 알텐부르그 고등학교의 교사로 나중에는 성 요하킴탈(St. Joachimsthal)에 있는 라틴어 학교의 학교장까지 지낸다. 사회적으로 괜찮은 지위에 올랐지만 그는 여기에 만족할 수 없었다. 1540년에 그는 두 번째 시도를 하여 학생으로서 다시 비텐베르그를 찾았다. 이때 그의 제자 중의 한 학부모가 학업에 필요한 경제적 지원을 해 주었다. 그는 루터와 같은 식탁에서 식사도 할 수 있게 되었으며 때마다 루터의 탁상담화를 주의 깊게 받아적어 두었다. 그는 신학석사 학위를 마치고 그의 소원대로 루터로부터 사제 서품을 받았다. 드디어 그는 부목사로 요하킴탈로 돌아가 1545년 11월부터 1565년 그가 생을 마감하기까지 설교자로 사역했다. 그의 사역으로 뵈멘에 개신교 모범교회가 탄생되었다. 그는 정말 대단한 설교자였음이 틀림이 없다.

로흐리츠에는 그의 이름을 딴 김나지움이 있고 예술적으로 흥미로운 건물인 쿠니군데교회(Kunigundekirche) 앞에 그의 기념 동상이 서 있다.

로흐리츠는 물데 강 유역에 있는 지방으로 도로 B107과 B197D을 타면 도착할 수 있다. 도로 B197에서 쉬첸 거리(Schützenstraße)로 빠져 나오면 된다. 이 거리 이름은 쉬첸 거리에서 현재 쿠니군데 거리(Kunigundestraße)로 이름이 바뀌었다. 여기에 바로 쿠니군데교회와 기념 동상이 서 있다.

1504
6월 24일 요한 마태시우스가 로흐리츠에 태어났다.

64 로흐리츠: 궁성

엘리자베스 폰 작센이 사역한 곳

1000년의 역사를 가진 이 도시는 붉은 반암과 강한 여장부들로 유명하다. 여장부로 제일 먼저 손꼽을 수 있는 여인은 바로 공작부인 엘리자베스 폰 작센(Elisabeth von Sachsen)이다. 1523년에 그녀는 개신교 지지선언을 한다. 엘리자베스는 남편을 잃고 미망인이 되고 난 후 1537년에 유산으로 받은 상속지인 로흐리츠와 크립슈타인(Kriebstein) 지역에 개혁을 단행했다. 그녀는 독실한 가톨릭 집안인 게오르그 베어티겐(Georgs des Bärtigen)가의 며느리이자, 한편으로는 개신교 지도자인 필립 폰 헤센 백작의 딸이라는 불편한 자신의 위치에서 양 진영을 중재하기 위해 노력했다.

종교개혁은 때로는 검을 가진 강한 남자와 여자를 필요로 했다. 공작부인 엘리자베스 폰 로흐리츠(1502-1557)는 말로만 개신교를 지지한 것이 아니라 실제 슈말칼덴 동맹에서 전쟁에 참여하기도 했다. 그녀는 참여한 전쟁에 패했으나 포기하지 않았다. 2014년에 로흐리츠의 궁성에서 전시되고 있는 것은 복음을 위해 싸웠던 여전사, 강한 여성들에 관한 것이다. 독일 중세 화가로 유명한 크라나흐의 작업실에서 나온 유딧(Judith)에 관한 30개가 넘는 묘사도 같이 전시되고 있다. 유딧은 70인 역 성경에 나오는 소책자로 내용은 유딧이라는 여장부가 아시리아 군대를 이끌던 장군의 머리를 침으로 도시를 멸망으로부터 구해내는 이야기이다. 유딧은 지금까지 논란이 많은 인물이다. 루터는 이 책을 번역은 하였지만 지금의 성경에서는 제외시켰다.

종교개혁의 성공에는 공작부인 엘리자베스 폰 로흐리츠 외에도 몇 명의 강한 여장부들의 공로가 있었다. 카타리나 폰 보라(Katharina von Bora), 아굴라 폰 그룸바흐(Argula von Grumbach), 우어줄라 바이다(Ursula Weyda), 그리고 비브란디스 로젠블라트(Wibrandis Rosenblatt)이다. 성곽은 약 1000년에 세워졌고 14세기 말경에 궁성(Wohnschloss)으로 개조되었다. 15세기에 이미 공작의 미망인 아말리에(Amalie)가 이 성에서 살았다. 엘리자베스는 이곳에서 1537년에서 1547년까지 살았다. 이 시기는 그녀에게 정말 중요한 시기였다. 이때부터 그녀는 종교개혁에 힘을 쏟기 시작했다. 그 이후 이 성은 선제후 크리스티안 1세(Christian I)와 그의 부인 소피가 사냥을 할 때 머무르던 성으로 사용했다. 오늘날 이 성은 완전히 개보수되어 전시관으로 사용되고 있다.

로흐리츠 궁성은 쯔빅카우어 거리(Zwickauer Straße)와 슐로스 거리(Schloß straße)를 지나면 나온다. 쯔빅카우 물데 강 유역에 위치한다.

1537
공작부인 엘리자베스 폰 작센은 미망인 상속지인 로흐리츠와 크림슈타인 지역에 종교개혁을 단행했다.

65 잘펠드: 시교회 성 요하니스
카스파 아퀼라(Kaspar Aquila)가 사역한 곳

세 번에 걸쳐서 마틴 루터는 잘펠드(Saalfeld)를 방문했다. 1518년 4월에 하이델베르그로 가는 여행 중에 이곳을 들러 잠시 쉬었다 갔고, 같은 해 가을에 아우스부르그(Augsburg)로 가는 길에 또 한 번, 마지막으로 1530년 4월에 코부르그(Coburg)로 가는 여행 중에 들렀다. 그는 복음을 전파하기 위해서 모든 기회를 활용하였고 여행 중 쉬어가는 이곳 성 요하니스교회(Kirche St. Johannis)에서도 설교했다. 그러나 이곳은 이미 1527년에 카스파 아퀼라(Kaspar Aquila)가 개신교 설교자로 사역을 하고 있었다. 1552년부터 그가 죽은 해 1560년까지 그는 잘펠드의 교구 관리자였다. 루터가 잘펠드에 들를 때면 항상 그의 집에 머물렀다. 루터와 아퀼라는 비텐베르그에서 서로를 알게 되었다. 아퀼라는 튀링엔의 가장 중요한 종교개혁가로 손꼽히는 인물이다.

개신교 성 요하니스교회는 튀링엔에서 고딕 양식의 가장 큰 교회로 약 1380년과 1514년 사이에 지어졌다. 이 건물에서 특징적인 것은 남서쪽 측면에 외부로 나와있는 설교단이다. 루터가 여기에 서서 설교를 했는지는 알려진 바가 없다. 이 교회는 때로는 강력하게 때로는 아주 고요하게 역사했다. 건물 전체 실내는 1982년 복원 수리 이후 원래 모습 그대로의 분위기를 내고 있다. 교회 현관 바로 옆에 종교개혁 기념일이 지정된 1905년부터 실제 사람 크기의 마틴 루터 돌 조각상이 서 있다.

루터의 발자취를 따라가 보려면 예전에 프란체스코수도원이었던 시립박물관(Stadtmuseum)을 가보는 것도 좋다. 종교개혁과 더불어 1534년 이 수도원은 문을 닫았고, 같은 해에 수도원 건물에는 라틴어 학교가 들어왔다. 1910년까지 수도원 건물은 직업고등학교로 사용되어졌다. 수도원의 제의실과 예배당은 한때 조폐국으로도 사용되었었는데, 이 때문에 화폐교회(Münzkirche)라고도 불렀다. 1904년부터 중세시대 풍의 전형적인 건물양식으로 남아있는 동쪽회랑이 시립박물관으로 사용되어지고 있다. 오늘날은 수도원 건물의 가장 큰 부분을 시립박물관이 차지하고 있다.

루터 외에 이곳에서 유명한 것은 무엇일까?

잘펠드가 자랑하는 "화려하고 기이한 석회 동굴"이 있는데, 이 동굴은 기네스북에도 올라있다. 이 동굴은 중세시대 광산업이 남긴 인상적인 유적지이다.

요하니스교회는 시장 광장 옆에 있는 키르히 광장(Kirchplatz)에 있다. 프란체스코수도원은 뮌츠 광장(Müntzplatz)에 있다. 잘펠드는 독일에서 1100년의 역사를 가진 튀링엔 주의 가장 오래된 도시로 "튀링엔의 돌에 적힌 역사"라는 별명이 있다.

1518

4월에 루터는 처음으로 여행 도중 잠시 쉬어가려고 잘펠드를 들러서 그의 친구 아퀼라의 집에 머물렀다.

66 쉴다우: 마리엔교회
쉴드뷔르거라는 말이 생겨난 곳

　루터는 1521년에 독일 국외추방령을 받은 이후로 선제후령의 보호 지역 밖으로 여행하는 것이 위험했다. 그는 이런 위험한 여행 후에 다시 안전한 지역으로 들어오면 안도의 한숨을 쉬곤 했다. 루터의 많은 위험한 여행에 있어서 쉴다우(Schildau)는 가장 안전한 정거장 역할을 하였다. 그가 여행에서 돌아오는 길에 보이는 마리엔교회(Marienkirche)의 종탑은 안전의 표식이 되었다. 약 1170년에 마리엔교회는 삼랑식 바실리카 형식으로 건축되었다. 오늘날의 모습으로 개축된 것은 17세기에 이루어졌다. 가장 유명한 것은 1518년에 교회 주변에 심어진 닥나무로 독일에서 가장 오래된 닥나무이다.

　그리고 쉴다우 출신으로 루터보다 더 유명한 사람이 바로 나이드하르트 폰 그나이제나우(Neidhart von Gneisenau, 1760-1831)로 그는 프로이센의 육군 대장이자 군대 개혁자이다. 그는 나폴레옹과의 두 번의 전투에서 승리의 주역이 되었는데, 그중 한 번은 1813년에 양민학살이 일어났던 라이프치히 전투와 두 번째는 1815년에 워털루에서 가까운 지역에 일어난 전투에서이다. 이 시의 광장에는 그나이제나우 동상이 높은 곳에 서서 아래로 내려다보고 있다. 그는 진지하게 집중하며 멀리 시청을 바라보고 있다.

　쉴다우는 쉴드뷔르거(Schildbürger, 바보)라는 별명을 가지고 있다. 창문이 없는 시청, 빛을 부대자루에 모아두었다 등의 어이없는 이야기들이 전해 내려온다. 이것은 또 다시 루터 또는 루터 측 사람과 관계가 있다. 비텐베르그의 궁정 법관인 요한 프리드리히 폰 쇤베르그(Johann von Schönberg, 1543-1614)는 1592년에 쉴다우의 퍼진 칼뱅주의 교리를 시찰하고 이를 "경박한 풍습과 해석"(liederliche Sitten und Verhältnisse in Schilda)이라고 비판했다. 이에 쉴다우의 시민들이 참지 못하고 그에게 맞서자 쇤베르그는 책을 내게 된다. 이 책은 원래 이미 존재하던 신랄한 풍자를 담고 있던 바보 이야기, 라레 북(Lalebuch)을 1598년에 그가 다시 개작하여 라레부르그(Laleburg)에 사는 바보를 쉴다우부르그(Schildbürgern)로 바꾸어 출판했다. 그리하여 오늘날 작자 미상의 쉴다우뷔르그 책(Schildaubürgerbuch)이 전해져오고 있는데, 쉴다우에 사는 사람들은 당연히 이를 불쾌해 한다.

※ 글자 그대로 쉴다우에 사는 시민이라는 뜻이지만 책에서 바보를 지칭하는 말로 나온다-역주

도로 B182를 타고 벡비츠(Weckwitz)를 향하여 오다가 지첸로다(Sitzenroda)로 빠져나오면 쉴다우에 도착한다. 쉴다우 성 마리엔교회는 키르히베르그(Kirchberg) 2에 있다. 교회로 진입하는 도로는 부어쩨너 거리(Wurzener Strasse)와 괴테 거리(Goethe Strasse)이다.

1592
비텐베르그 궁정 법관 요한 프리드리히 폰 쉔베르그는 쉴다우를 방문했는데, 이 방문의 결과는 오늘날까지 남아 전해온다.

67 슈말칼덴: 루터하우스
슈말칼덴 동맹이 이루어진 곳

슈말칼덴 시청사에서 1530년에 슈말칼덴 동맹(Schmalkaldische Bund)이 체결되었다. 선제후 요한 폰 작센(Kurfürst Johann von Sachsen)과 백작 필립 폰 헤센(Landgraf Philipp von Hessen)은 가톨릭 황제 칼 5세(Kaiser Karl V)에 대항해서 개신교 군사 동맹을 이루어냈다. 원래 이 군사 동맹은 방어가 목적이었다. 터키가 신성로마제국을 위협하자 1532년 7월 23일 슈말칼덴 동맹 측과 칼 5세는 평화 협정을 체결하는데, 이것이 이른 바 **뉘른베르그 협정**(Nürnberger Anstand)이다.

이 협정 외에도 서로 다른 여러 종교 협정들이 체결되어 평화를 약속하였다. 그러나 이 평화 협정은 1540년대에 들면서 선제후 요한 프리드리히 폰 작센이 슈말칼덴 동맹을 방어에서 좀 더 공격적으로 바꾸기를 원하면서 달라지기 시작했다. 여기에다 슈말칼덴 동맹의 주체였던 필립 폰 헤센 백작의 이중 결혼 스캔들이 터졌다. 필립 백작은 이에 대한 벌을 모면하기 위해 칼 황제에게 군사적인 충성을 맹세했다. 여기에다 급기야 슈말칼덴 동맹의 두 사람은 달갑지 않은 가톨릭 측의 후작을 몰아내기 위해 방어 목적의 동맹을 군사적인 목적으로 이용했다.

황제가 원했던 대로 작센 지방은 분열하기 시작했다. 알버트 가문과 에르네스트 가문은 영원한 원수지간으로 살게 되었다. 이유는 알버트 가문의 모리츠 폰 작센 백작이 신성로마제국 황제 선출 결과에 대해 반대하며 정치적인 입장을 바꾸었기 때문이었다. 힘의 구도의 변형은 전쟁으로 이어졌고 슈말칼덴 동맹은 깨어지게 되었다.

1537년에 슈말칼덴에서는 "휘황찬란한 군주회의"가 개최되었다. 회의참석자는 16명의 영주들, 6명의 백작들, 칼 황제와 교황이 보낸 대사들, 28개의 신성로마제국 도시와 한자 동맹 도시에서 온 대표들, 그리고 마틴 루터와 멜란히톤을 비롯한 42명의 개신교 신학자들이었다. 여기에서 마틴 루터는 개신교교회 협정문에 기록되어있는 슈말칼덴 조항의 신앙조서를 읽었다. 사람들은 이것을 루터의 개인적인 신앙고백이라고도 한다.

슈말칼덴에 있는 성 게오르그시교회는 튀링엔 지역의 가장 아름다운 후기 고딕 양식 교회 중 하나이다. 이미 1525년에 백작 필립 폰 헤센에 의해 개신교 목사가 부임했다. 1537년 당시 가장 유명한 스타 설교자 루터가 설교를 했다.

슈말칼덴에서 시교회인 성 게오르그교회(Stadtkirche St. Georg)와 루터하우스(Lutherhaus)는 필수 방문 코스로서 슈타인길(Steingasse)와 헤렌길(Herrengasse)에 있다. 루터하우스에서 루터는 슈말칼덴 동맹회의가 개최되었던 1537년에 임대업자 발타자르 빌헬름(Balthasar Wilhelm)의 손님으로 그의 집 2층에서 살았다.

1530
선제후 요한 폰 작센과 백작 필립 폰 헤센은 황제에 맞서 군사 동맹인 슈말칼덴 동맹을 체결했다.

68 지첸로다: 성 마리아
루터가 수다쟁이들을 비난한 곳

옛 동독 지역에는 많은 마을들이 행정적으로 통합되면서 두 개의 이름이 병기되는 경우가 자주 있는데, 방문객들에게는 다소 생소할 수도 있다. 벨거른-쉴다우(Belgern-Schildau) 지역에 속하는, 주민 1000명 정도의 작은 마을 지첸로다(Sitzenroda)가 그 한 예이다. 이 이름은 황무지를 개간하다는 뜻의 "roden"에서 나왔는데, 앉다는 뜻의 "sitzen"에서 나왔다라고 생각할 수도 있을 것이다. 그러나 두 번째 "sitzen"은 이 마을의 창립자인 백작 지쪼(Sizzo von Schwarburg-Käfernburg)를 딴 것이다.

알려진 바로는 1525년에 루터는 마리엔포르테수도원(Klosters Marienpforte)이 해체되기 몇 해 전에 이곳을 방문했다고 한다. 그는 지첸로다에서 예배 때 강력한 설교를 하였는데, 그때 설교 제목이 **"소문과 말을 옮기는 수다쟁이들과 나쁜 평판에 대항하여"**(Wider die Klatschmäuler und den bösen Leumund)였다.

지첸로다의 마을교회는 1198년에 세워졌고 이 마을의 변화무쌍한 역사와 함께 했다. 이 교회의 오늘날의 모습은 선제후 아우구스트 1세(August I)의 재정적인 후원으로 이루어졌다. 이곳은 베네딕트수녀수도원인 마리엔포르테의 영향력이 절대적이었다. 이 수도원의 수녀들은 의술과 환자 간호 그리고 가난한 자 구제 등으로 널리 알려져 있었다. 안나 폰 밀티츠(Anna Miltitz)가 마지막 수도원 원장이었는데, 그녀는 1530년에 죽었다. 그녀의 죽음 훨씬 전에 이미 수도원은 종교개혁의 영향으로 해체되었다. 실제 사람의 크기로 마지막 수도원장의 초상화가 그려진 묘비석과 제단 위에 손으로 깎아 만든 사람 크기의 십자가 예수님 조각상이 있다.

지첸로다의 마을 구역은 윗마을과 아래 마을로 나뉘어져 있는데 각 마을의 모습이 흥미롭다. 윗마을에는 거리의 왼쪽과 오른쪽에 넓은 간격을 두고 농장들이 조성되어있고 아랫 마을에는 길들이 모든 방향으로 광선 모양처럼 나 있다.

지첸로다에는 요한 프리드리히 폰 쉔베르그(Johann Friedrich von Schönberg)가 태어났고 요한 프리드리히 쉔베르그는 쉴드뷔르거 이야기를 만든 사람이다. 종교개혁과 관련된 이 이야기는 앞의 "66. 쉴다우: 마리엔교회"에서 설명했다.

쉴다우에서 약 5킬로미터 떨어진 곳에 지첸로다가 있다. 쉴다우에서 지첸로다 거리(Sitzen-rodastrasse)를 따라 오면 도착한다. 지첸로다는 잘 다듬어진 조용한 시골 마을이다.

1525
루터는 지첸로다를 방문해서 성 마리아교회에서 설교하였다.

69 슈텍바이: 성 니콜라이교회
순례자와 자전거 여행자가 모이는 곳

슈텍바이(Steckby)는 찾기가 쉽지 않다. 지역적으로는 슈토이츠(Steuz)에 속하고 슈토이츠 지역은 안할트-비터펠드(Anhalt-Bitterfeld) 주의 경계에 있는 쳅스터(Zerbst)에 속한다. 대충 어느 방향인지는 짐작할 수 있을 것이다. 슈텍바이와 슈토이츠는 엘베(Elbe) 강 유역에 위치하는 정말 아름다운 곳이다.

이 지역의 루터와 종교개혁에 관한 이야기는 전해지진 않는다. 아마도 루터 또한 전국 모든 곳을 모두 다닐 수는 없었으리라. 쳅스터는 루터가 지나가는 길에 놓여있다. 실제 루터가 들르지 않았던 슈텍바이도 오늘날은 역사기행길로 지정된 루터길에 있는데, 이곳에 있는 교회는 자전거교회로 유명하다.

자전거교회는 어떤 교회일까?

이 교회는 방문자에게 영적 쉼과 휴식을 제공하는 묵상 시간과 저녁예배가 있으며, 화장실과 관광 정보와 안내까지 무료로 제공한다.

성 니콜라이(Heilige Nicolai)가 슈텍바이교회(Kirche zu Steckby)의 수호자일 뿐 아니라 여행자와 나그네의 수호자라는 생각 위에 지어진 교회가 슈텍바이교회이다. 여행하는 순례자와 자전거 여행자들이 모이는 지역에 세워진 교회로는 가장 이상적이라 하겠다. 특히 엘베 강 유역의 자전거길에는 정말 많은 사람들이 모이고 이 사람들은 휴가 중에 이 자전거교회로 모여든다.

성 니콜라이교회(St. Nicolaikirche)는 분위기가 있고 소박하며 견실하고 튼튼한 막돌 위에 지어진 교회로 1200년대 건축물로 추정된다. 산에서 그대로 떼어낸 돌들을 아래에서부터 건물 위쪽까지 포개어 쌓아놓고 모르타르로 칠하여 마감하였다. 맨 꼭대기의 탑은 목조건축물이다. 목조탑은 미적으로 정말 아름답다. 이 목조탑의 골조는 18세기 형식이다. 교회 내부는 1991년에 기초부터 완전히 개보수되었고 교회 탑은 몇 년 전에 유지보수가 이루어졌다.

교회 내부의 실내는 단순하고 검소하며 제단후벽은 바로크 양식이다. 제단 있는 곳 앞쪽에는 원통 모양의 난로가 있는데, 겨울에 목사와 성도들을 따뜻하게 해주는 난방시설이다. 교회 입구에는 교회 전체 일을 돌보는 사무실이 있다.

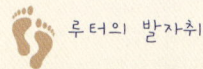

슈텍바이를 찾으려고 헤매지 않기를 바란다. 슈토이츠(Steutz)가 어디 있는지를 가는 도중 물어 보는 것이 낫다. 이 교회는 프리덴즈 거리(Friedensstrasse) 17에 위치한다. 엘베 강 유역에서 자동차나 자전거로 강의 반대편 지역으로 가려는 사람들이 모이는 자전거길에서 멀지 않은 곳에 교회가 있다.

1200
슈텍바이에도 다른 모든 지역에서처럼 막돌 위에 교회가 세워졌다.

슈톨베르그: 토마스-뮌처 동상
신학자이자 농민 봉기의 지도자가 태어난 곳

1489년에 슈톨베르그(Stolberg)에는 신학자이자 농민 봉기의 지도자 토마스 뮌처(Thomas Müntzer)가 태어났다. 화폐주조(Müntzerprägung)는 이 도시의 아주 오래된 전통 산업으로 그의 이름이 말하듯이 뮌처* 가문(Familie Müntzer)도 화폐주조에 종사했다. 토마스 뮌처는 인문학 교육을 받았고 사제의 서품을 받았다.

마틴 루터 전부터 이미 그는 가톨릭교회와 거리를 두었다. 루터는 1520년에 쯔빅카우(Zwickau)의 사제직을 그에게 추천하였다. 그러나 그의 견해는 루터와는 극명하게 달랐다. 하나님의 구원에 대한 믿음이 아니라 적극적인 신자의 행동이 의를 이룬다고 주장했다. 그리고 마지막 심판이 가까이 왔다고 봤다. 그는 가톨릭교회의 삯군 "사제들"과 루터 측의 종교개혁을 이끄는 "신학자" 나부랭이들을 비판하고 대항했다. 그는 "1523년 비텐베르그에 영적으로 깨어있지 않고 조용히 순종적으로 살아가는 육신들에 대항하여"라고 문서에 발표하며 루터를 적대시하였다.

1523년에 토마스 뮌처는 알슈테트(Allstedt)에 사역자로 부임하여 첫 예배 때 독일어로 설교하였다. 그는 먼저 기존 교회의 부패척결을 위해 영주들의 군사적인 지원을 희망했다. 그러나 그의 희망은 실망으로 변하고 그의 기대는 성난 농민들에게 옮겨져 결국 1524년 7월에 남부 독일에서 농민 봉기로 이어졌다. 뮌처는 봉기에 참여한 농민들을 하나님의 심판이 임했다며 자극시켰다.

"불이 뜨거워져 있을 때 너희들의 검을 식도록 두지 말라!"

뮐하우젠(Mühlhausen) 시는 농민 봉기군들에 의해 점령되었고 뮌처는 설교자로 부임하여 이 도시를 둔튼 하나님 나라 자유도시의 모델로 만들고자 했다. 이미 알려진 바와 같이 농민 봉기는 실패로 돌아갔고 6,000여 명의 농민들이 죽었으며 토마스 뮌처는 붙잡혀 처형당했고 그의 머리는 기둥에 꽂아 뮐하우젠의 성문 앞에 경고의 메시지로 효시되었다.

어떤 사람들은 이렇게 극단적으로 얘기하기도 한다. 토마스 뮌처는 농민들을 도와 기독교 믿음의 희망을 실천에 옮길 수 있도록 하였고 마틴 루터는 영주들의 편에 섰다.

* 독일 평민의 성은 조상들의 직업을 따라 지어진 것이 많은데 뮌처(Müntzer)는 화폐를 만드는 사람이라는 뜻이다.-역주..

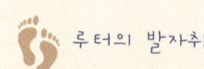

이전 동독 정부는 토마스 뮌처를 사회주의 선구자로 여겼으며 슈톨베르그의 토마스 뮌처가 태어난 곳과 뮐하우젠의 그가 죽은 곳을 공식적으로 토마스 뮌처의 도시라고 명명하며 그를 숭배하였다. 오래된 도시 슈톨베르그에는 이 시가 낳은 아들 "토마스 뮌처의 동상"(Thomas-Müntzer Denkmal)이 있다.

1525
마틴 루터는 4월 21일에 슈톨베르그의 성 마티니교회에서 농민 봉기에 반대하는 설교를 했다-그러나 결과는 성공적이 못했다.

71 슈톨베르그: 마티니교회
면죄부 판매로 재정을 충당했던 교회

성곽과 마티니교회(Martinikirche)가 이 도시의 이미지를 대표한다. 오늘날 존재하는 교회 건물은 13세기 형식이다. 시청의 바로 옆에 있는 계단으로 올라가면 시교회가 이어진다. 1463년에 교황 피우스 2세(Pius II)가 보낸 면죄부 편지에 보면 마티니교회 건물이 무너지기 직전이라 빠른 시일 내에 개보수 공사가 필요한 상태였다는 것을 알 수 있다. 실제로 면죄부 판매 수익으로 빠른 시일 내에 보수 공사에 들어갔다. 하지만 이 돈은 보수 공사를 하기에는 충분하지 않아서 서쪽 건물은 건축학적으로 볼품이 없고 새 건물의 교회 탑은 세워지다가 중단되었다. 그리하여 이 교회 건물은 교회 탑과 교회 본건물의 비례가 맞지 않다. 어쩌면 당시 면죄부를 좀 더 발행하여 팔았었어야 했나 보다.

그러나 그때는 벌써 개혁의 바람이 불던 시대였다. 책임 목사 틸레만 플라드너(Tilemann Plathner)와 라틴어 학교 교장 요한 슈팡엔베르그(Johann Spangenberg)는 슈톨베르그 종교개혁의 주역이다. 1522년 부활절에 토마스 뮌처는 이곳에 초대되어 **"작은 것 하나도 흠 잡을 것 없는 너무나 훌륭하고 아름다운 기독교 설교"**를 했다고 슈팡엔베르그의 아들 키리아쿠스(Cyriakus)가 전한 것으로 알려져 있다. 1525년 4월 21일에 루터도 슈톨베르그를 방문하여 마티니교회에서 설교했다. 이때 루터는 그의 이름을 따라 이름 붙인 루터 너도밤나무 위에 올라가 슈톨베르그를 새에 비유했다. 성곽은 머리요, 두 개의 골목길은 날개요, 광장은 몸통, 아래쪽 길은 꼬리이다.

공식적으로 종교개혁은 1538년에 백작 보도(Botho)의 죽음 이후에 이루어졌다. 그러나 실제적으로는 공작 게오르그 폰 작센(Georg von Sachsen)의 죽음 이후에 많은 지지자들이 생겼다. 그리고 교회의 시설들도 개신교화되었다. 중앙제단 옆 측면제단들은 철거되었고 오래된 교회 집기류들은 처분되었으며 소 예배당은 다른 용도로 사용되었고 지하예배당은 건축자재를 보관하는 창고로 사용되어졌다.

위에 언급한 루터 너도밤나무는 오늘날 남아 있지 않다. 따라서 루터 너도밤나무라는 이정표를 따라 갈 필요가 없다.

이곳 특산물은 갈은 고기로 만든 훈제 소시지인 율체(Jultje)이다. 겉모습과 맛은 슐락트부어스트(Schlagwurst)와 비슷한데, 네덜란드 사람들이 좋아하는 지중해식 소시지 같다. 소시지의 이름은 슈톨베르그에서 1506년에 태어난 율리아나(Juliana)라는 사람의 이름을 땄다. 율리아나는 빌헬름 2세의 어머니로 오늘날 네덜란드 왕가의 오라니어(Oranier) 가문 출신으로 알려져 있다. 그녀로부터 533명의 아이, 손자 그리고 증손자가 나왔다고 한다.

1538
백작 보도의 죽음 이후 이곳에 종교개혁이 이루어지기 시작했다.

72 슈토턴하임: 들판
루터가 결단한 장소

루터의 결단은 이미 이전에 있었을 수도 있지만, 이곳에서의 사건으로 이 결단은 루터에게 명확해지는 계기가 된 것은 분명하다. 1501년부터 루터는 에어푸어트에서 공부를 시작하여 자유인문학 석사를 따고 법학 공부를 다시 시작하였다.

때는 1505년 6월, 그는 학업을 잠시 중단하고 그의 부모님을 뵙고 돌아가는 중이었다. 그 당시 누구나 그랬듯이 걸어서 오고 갔다. 돌아가는 길 도중에 날씨가 변덕스럽게 나빠졌다. 시커먼 비구름과 함께 번개가 치더니 귀가 먹먹할 정도의 큰 천둥소리가 터져 나왔다. 그때 그의 옆으로 번개가 땅위를 내려치자 죽음의 공포가 그를 덮쳤다. "나는 무서워 떨며 갑자기 소리쳤다"라고 루터는 나중에 이때를 상기하였다.

"오, 성 안나여, 나를 도와주소서. 그러면 제가 사제가 되겠나이다"(Hilf Du, St. Anna, ich will ein Mönch werden).

슈토턴하임(Stotternheim)에서 바로 이 일이 일어났다. 정확한 장소는 알려져 있지 않은데 루터 자신도 이곳이 어딘지 정확하게 알 수가 없었다고 했다. 그러나 나중에 학자들은 이곳을 알아내었다. 교통과 기후의 관계를 분석해서 오늘날 붉은 대리석 기념비가 서 있는 들판이 그 역사적 장소임을 밝혀내었다. 또한 번개가 친 날은 정확히 1505년 7월 2일이었다.

1505년 7월 17일에 루터는 에어푸어트에서 가장 엄격한 수도원에 들어가게 된다. 그의 학교 친구들은 루터를 말리려고 애를 썼다. 그의 아버지도 루터의 결정에 동의 할 수 없었다. 이 모두 다 헛수고였다. 그 번개는 루터에게 한치의 의심도 없는 확신을 가져다 주었던 것이다. 에어푸어트 어거스틴수도원에서 루터는 가톨릭 믿음 안에서 의미 있고 책임감 있는 삶을 찾아내려 노력하였다. 이런 삶이 바로 종교개혁이라는 것을 찾기까지 12년이 더 걸렸다.

기념석은 400년 동안 이 사건을 기념하며 이곳에 서 있다. 이 근처 녹지는 500년 세월 동안 이곳에 있었다. 녹지대의 모습은 많이 진보했다. 주위의 큰 쓰레기 더미들은 제거되고 그곳에 다시 식물이 자랐으며 큰 호수가 있는 공원이 되었다. 루터 기념석은 "에어푸어트 호수"(Erfurter Seen) 휴양 지역의 대표적인 쉼터이자 소풍지가 되었다.

인터넷의 위성사진으로도 이곳을 찾을 수 있다. 도로 B71을 타면 슈토턴하임에 도착한다. 이곳에서 루터길(Lutherweg)을 찾아 따라가자. 루터 호수(Luther See) 뒤에 번개가 친 그 장소가 있다.

1505
종교개혁 역사에 가장 중요한 번개가 7월 2일 이곳에서 쳤다.

73 쥐프티츠: 교구교회 성 마리엔
가톨릭 수도사의 독신주의와 포도주

쥐프티츠(Süptiz) 사람들은 이곳에서 제일 먼저 수도사들의 독신주의가 무너진 곳이라고 주장한다. 쥐프티츠는 사제로 제일 먼저 결혼한 개신교 바돌로메우스 베른하르디(Bartholomäus Bernhardi)가 사역한 곳으로 알려져 있다. 그러나 그곳이 켐베르그(Kemberg)라고 주장하는 사람도 있다. 검증된 사실은 1533년에 마틴 루터가 쥐프티츠에 왔었고, 성 마리엔교회를 시찰하였다는 것이다.

교구교회 성 마리엔(Pfarrkirche St. Marien)은 1250년에 건축학적으로는 낭만주의 양식이며 용도로는 방어 목적의 요새교회로 지어졌다. 평화롭지 않은 땅이었다. 가장 오래된 부분은 2미터 길이의 튼튼한 벽을 가진 교회 탑이다. 그러나 이 요새교회는 크게 제 기능을 하지 못한 것 같다. 왜냐하면 1426년에 후스족이 침입해서 이곳을 완전히 쓸어버렸기 때문이다. 30년 전쟁 때 이곳은 다시 한 번 완전히 파괴되었고 남은 것은 부서진 교회뿐이었다. 1714년에 다시 이 교회는 큰 발코니와 예배당을 가진 교회로 개조되었다. 18세기 개축 공사가 이루어졌지만 여전히 이 교회는 낭만주의 건축양식을 엿볼 수 있다.

쥐프티츠는 포도주 생산지로 아주 오랜 전통을 가지고 있다. 중세시대에는 쥐프티츠 산의 남쪽 비탈에 포도가 재배되었다. 약 1300년도에 자신의 포도원을 가진 포도 재배자가 29명이었다. 주(州) 영주가 포도주를 너무 좋아해서 쥐프티츠 사람들은 많은 특혜를 받았다. 세금도 내지 않았고 병역의무에도 배제되었다. 포도 재배가 절정이었던 때는 이 지방 후작인 프리드리히 덴 슈트라이트바렌(Friedrich den Streitbaren, 1381-1421)이 살던 시절이었다고 기록하고 있다. 후스족의 침입으로 많은 것이 파괴되었지만 포도원 농부들은 포도나무를 새롭게 심었고 루터 또한 이곳에서 여러 종류의 포도주를 맛볼 수 있었을 것이다.

30년 전쟁 때 사람만 고난을 당한 것이 아니라 포도원도 함께 고난을 당하였다. 역사 기록에는 1652년에야 다시 포도 재배가 회복되어 즙을 짜는 공장이 만들어졌다고 전해진다. 포도는 오늘날 다시 이 고장의 중요한 명물이 되어서 해마다 포도의 여왕을 뽑는 선발대회가 열리고 있다.

성 마리엔교회는 슐 거리(Schulstrasse) 4에 있다. 쥐프티츠는 드라이하이데(Dreiheide)에서 도로 B183을 타고 오면 된다.

1535
마틴 루터는 쥐프티츠에서 시찰차 머물렀다.

토르가우
"종교개혁"의 산실

토르가우는 973년경에 생겨났으며 이후에 도시로 지정되었는데, 도시로 승격된 정확한 때는 알려진 바가 없다. 중요한 계기가 된 것은 1485년에 에른스트(Ernst)와 알브레흐트(Albrecht) 두 형제의 분열로 라이프치히가 갈라지게 된 사건이다. 에른스트는 자신의 정치 수도로 토르가우(Torgau)를 세웠고 그에 걸맞게 궁성 하르텐펠스(Schloss Hartenfels)를 에른스트 가문 선제후들의 주 거주지 궁으로 만들었다. 이 궁에 바로 개신교 측이었던 프리드리히 현자, 요한 데어 베슈텐디게(Johann der Beständige), 그리고 요한 프리드리히가 살았다. 따라서 이 지역에는 종교개혁이 널리 퍼져 나갈 수 있었다.

마틴 루터는 토르가우를 사랑했다. 그는 말했다.
"토르가우의 교회 건축물들은 모든 고대유물의 아름다움을 능가한다. 솔로몬의 성전조차도 목조 건물에 지나지 않았다."

그가 이렇게 감탄했다는 것을 오늘날 이곳을 방문해보면 이해할 수 있을 것이다. 16세기의 위엄있는 도시 토르가우는 오늘날까지 거의 완벽하게 보존되어 전해지고 있다. 500여개의 르네상스와 후기 고딕 양식의 기념 건축물이 이곳에 있다고 토르가우 시참의회는 밝히고 있다. 무엇보다 토르가우에서 작센의 선제후 프리드리히 현자(1463-

1525)가 태어났다. 프리드리히 현자는 루터의 교리에 대한 믿음을 고백하거나 루터를 개인적으로 만난 적도 없었지만 그는 어디서나 종교개혁을 지지하였고 특히 이곳에 개혁의 움직임을 촉진시켰다. 그리하여 토르가우는 종교개혁의 중심지가 되었다. 토르가우는 "종교개혁의 산실"이요, 비텐베르그는 "종교개혁의 어머니"라고 불린다.

토르가우와 토르가우에 있는 건물들은 루터와 아주 긴밀하게 연결되어 있다. 특히 중요한 곳은 **궁성 하르텐펠스**(Schloss Hartenfels)로 독일에서 르네상스 초기의 건물로는 가장 잘 보존되어 있는 궁성이다. 이 궁성의 교회(1543-44 건축)는 최초의 개신교 교회 건축물이다.

이 교회의 건축과 예술은 개신교 건축의 시발점이라고 할 수 있다. 루터가 직접 이 교회예배당의 입당예배를 인도하였다. 이 교회는 정치적인 차원에서도 아주 중요했다. 선제후 요한 프리드리히 1세는 개신교 첫 교회 건축을 함으로 종교개혁과 개신교에 근거한 자신의 신앙고백을 드러내었다. 이와 더불어 인상적인 사실은 이미 1517년에 궁성 하르텐펠스에서는 철저한 비밀 하에 비텐베르그 교리를 활자로 인쇄하였다는 것이다.

이미 1519년에 **니콜라이교회**(Nikolaikirche)에서는 개신교 세례가 주어졌다. 1년 뒤에 첫 개신교 설교가 독일어로 이루어졌다. 니콜라

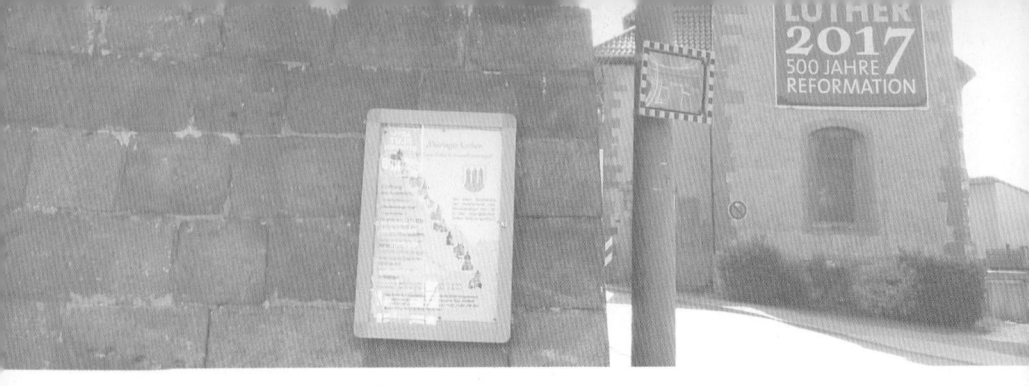

이 교회는 일부만 남아 폐허가 되어서 오늘날은 폐쇄 되었다. 그러나 이 교회 앞에는 화려하게 광장을 압도하는 시청사가 서 있다.

1524년에 최초의 개신교 찬송가책은 토르가우 출신의 요한 발터(Johann Walter)에 의해 루터와의 긴밀한 공동 작업으로 발간되었다.

교구 감독자가 거주하던 건물에서 루터, 멜란히톤, 요나스 그리고 부겐하겐은 1530년에 아우구스부르크 신앙고백(Augsburger Konfession)의 기초인 토르가우 성명(Torgauer Artikel)을 완성하였다. 토르가우는 루터의 아내와 관련이 많은 도시이다. 이곳에 유일하게 **카타리나 폰 보라의 기념비**(Gedenkstätte für Katharina von Bora)가 있다. 의식이 깨어있던 여인 카타리나가 종교개혁에서 어떻게 그의 남편을 지지했는지는 항상 흥미롭다. 루터는 그를 "헤르 캐테"(Herr Käthe)라고 불렀다.

카타리나는 루터와 결혼한 이후로 비텐베르그에 있는 슈바르쩬수도원을 도맡아 경영했다. 루터의 가족은 자주 토르가우에 왔었으며 친구와 동료들을 만나 아이를 키우는 일과 일상의 삶을 나누었다. 토르가우의 친구들은 레오나르드 코페(Leonard Koppe)와 그의 조력자 카타리나 그리고 1523년 부활절 밤에 님브쉔수도원에서 도망나온 나머지 11명의 수녀들과 멜란히톤의 가족들과 요한 발터였다. 이들과 상관없이도

* Herr는 영어로 Mr.이며 Käthe는 카타리나의 애칭으로 루터가 여장부인 카타리나를 사랑스럽게 부를 때 사용했다.-역주.

루터는 공적인 일로 매우 자주 토르가우를 방문했다(증명된 것만 60차례). 카타리나 폰 보라는 1552년에 토르가우에서 죽었다. 그녀의 무덤은 시교회인 성 마리엔에 있고 카타리넨 거리(Katharinenstrasse)에는 그녀를 기념하는 추모지가 있다. 또 기억할 만한 곳은 카타리넨 거리에서 오른쪽으로 내려오는 길에 서 있는 집이다. 이곳에서 바로 슈팔라틴이 1522년에 살았다. 슈팔라틴 없이는 루터도 없다. 종교개혁의 가장 영향력이 큰 세 인물은 루터, 멜란히톤, 슈팔라틴이다. 이 세 명의 남자는 모두 카타리나라는 이름을 가진 여자와 결혼하였다.

토르가우와 연관된 많은 그림이 남아있으며 어떤 그림은 루터와 관계가 없는 것도 있다. 이 그림 중 하나는 제2차 세계 대전이 끝날 무렵에 그려진 그림이다. 1945년 4월 25일, 부서진 엘베 강 다리 위에서 소비에트 연방과 미합중국 군대가 만난다. 이 그림은 전 세계를 다루며 전쟁의 끝을 의미했다.

루터는 60번 이상 토르가우를 방문했다. 그는 이곳에 머무르기를 좋아했는데 이유는 선제후 프리드리히 현자 때문만이 아니라 깨어있는 시민들이 이곳에 있었고 그들은 루터의 교리를 지지했고 이를 실현시켰기 때문이었다. 뿐만 아니라 이곳의 개혁주의 영주들은 서로 동맹을 맺었다. 토르가우 동맹(Torgauer Bund)이 그것이다.

74 토르가우: 알탁스교회
개신교 음악이 탄생한 곳

토르가우에는 1371년에 역사 기록으로 처음 언급된 김나지움이 있는데 이 김나지움의 이름이 사람의 이름을 따라 지어진 것이다. 교회 합창단 이름도 동일 인물의 이름을 따서 지어졌다. 누구의 이름일까?

바로 요한 발터(Johann Walter)이다. 1496년에 태어났으며 칼라(Kahla)와 로흐리츠(Rochlitz)에서 학교를 다녔고 음악적인 재능을 타고 났다. 그러나 그에게는 영주 밑에서 음악적인 경력을 쌓아갈 수 있는 기회가 주어지지 않았다. 이런 인생의 절망에서 그는 재능 기부의 형식으로 토르가우에서 시교회 합창단을 만들었다. 이로 인하여 찬양을 즐겨하는 토르가우 성도들로 이루어진 팀이 탄생되었고 그들의 지휘자인 요한 발터는 이 팀과 함께 새로운 개신교 교회 음악을 연습하여 마리엔 시교회의 무대에 오를 수 있게 되었다.

이 합창단은 순전히 우연히 만들어졌지만 "시민-기독교" 음악이라는 새로운 음악 형태가 만들어지는 싹이 되었다. 다른 교회에서도 토르가우의 새로운 합창단 형식을 따라하기 시작했다. 그리하여 개신교 합창학이 탄생하는 계기가 되었다. 오늘날은 이것 외에 많은 다른 형식의 합창단이 존재한다. 요한 발터는 개신교교회 합창단의 아버지라는 명예를 얻게 되었다.

1525년에 요한 발터는 마틴 루터와 함께 비텐베르그에서 "독일어 미사"를 개혁하기 시작했고 이 영향은 오늘날 교회 찬송가에 고스란히 남겨져 있다. 1542년에 있었던 영주 가문의 결혼식에서 그의 소원이 이루어져 궁정예배에서 시교회 합창단이 서게 된 것이었다.

요한 발터는 그 당시 관행대로 영주 산하에 있으면서 화려한 음악가로서의 경력을 쌓아갈 수도 있었을 것이다. 선제후 모리츠는 발터를 실제로 1548년에 새롭게 만들어진 궁정 합창단의 지휘자로 임명하기도 했다. 그러나 이 자리는 오래가지 못했다. 슈말칼덴 전쟁이 일어났고 영주들 사이에서도 충돌과 싸움이 잦았으므로 발터는 궁정 지휘자에서 물러나 작곡에 몰두하였다. 요한-발터-김나지움(Johann-Walter-Gymnasium) 앞에 알탁스교회(Alltagskirche)가 있는데, 이 교회는 종교개혁 전에 프란체스코수도원 중의 하나였다. 오늘날은 김나지움의 대강당으로 학생 합창단이 공연하는 장소이다. 역사적으로는 교회 합창의 아버지인 요한 발터의 모교회인 것이다.

요한-발터-김나지움은 슐로스 거리(Schlossstrasse) 9에 위치해 있다. 정확하게 말하면 김나지움의 대강당인 알탁스교회가 거기에 있다. 김나지움의 뜰을 지나면 아름다운 장미 정원이 나오고 이곳에서는 황홀한 엘베 강의 경치를 내려다 볼 수 있다.

1525
요한 발터는 마틴 루터와 함께 비텐베르그에서 독일 미사의 개혁을 이루어나가기 시작 했다.

75 토르가우: 카타리나-루터의 방
여장부가 생을 마감한 곳

관광업 종사자의 창의적인 발상이 숨어있는 문구이다. "비텐베르그는 종교개혁의 어머니, 토르가우는 종교개혁의 산실"이라는 문구에 나오는 토르가우는 이곳에서 1552년에 죽은 종교개혁가의 아내 카타리나 폰 보라 때문이다. 유명한 남자 뒤에 언제나 한 명의 여인이 숨어있다. 카타리나의 마지막 살았던 집이 있었던 곳에 조성된 그녀의 기념관에서 유명한 남자 뒤에 서 있었던 한 여인의 삶을 살펴볼 수 있다.

카타리나 폰 보라는 한 치의 의심할 여지도 없이 용감한 여인이었다. 토르가우의 시참의원이자 상인이었던 레오나르드 코페의 도움으로 12명의 수녀가 1523년 부활절 밤에 님브쉔수도원에서 도망을 나왔는데, 그중에 카타리나도 있었다. 도망해서 처음 온 도시가 토르가우였다. 토르가우는 카타리나에게 평민으로 살아가는 첫 도시이자 마지막 도시가 되었다. 1552년에 그녀의 남편 마틴 루터가 이미 죽고 없을 당시 비텐베르그에는 흑사병이 퍼지기 시작했다. 그래서 그녀는 토르가우로 피신을 했다.

토르가우로 가는 도중 말이 겁을 먹고 뒷걸음을 치다 떨어져 죽게 되자, 걸어서 토르가우에 간신히 도착했지만 그녀는 심하게 병들어 있었다. 그러나 그녀는 다시 회복하여 토르가우에서 여생을 보냈다. 카타리나는 그의 아들 파울(Paul)과 귀족의 딸인 안나 폰 발벡(Anna von Warbeck)과의 약혼식도 보았고 막내 딸의 18번째 생일파티를 12월 17일에 치르고 그 해 12월 20일에 눈을 감았다. 이날 오후 3시 정도에 그녀의 주검은 많은 사람의 슬픔을 뒤로하고 마지막 영면 장소인 성 마리엔교회(Stadtkirche At. Marien)로 안치되었다.

캐테 없이는 루터도 없었다고 말할 수 있을 것이다. 루터 자신도 그렇게 생각했다. 그녀의 강인함은 루터에게 아내 이상이었다. 그녀는 대가족과 이에 따른 큰 살림살이의 경영인이자 가장 중요한 루터의 동역자였다. 이 사실은 루터가 자신의 캐테를 어떻게 불렀는지를 살펴보면 확실히 알 수 있다. 때로는 "나의 사랑" 혹은 "나의 비텐베르그 샛별" 그리고 "여장부 캐테"라고 불렀다. 루터는 실제로 말로 화려하게 애정을 표현하거나 칭찬하지는 않았다고 한다.

카타리넨 거리(Katharinenstrasse) 11에 있는 이 집은 원래는 샤르펜 산(Scharfenberg) 위에 지어진 집으로 카타리나 폰 보라가 죽은 상가이다. 이곳에서 바로 종교개혁가의 아내를 기념하는 기념관이 1996년부터 문을 열었다.

1552
12월 20일에 카타리나 폰 보라는 토르가우에서 죽었다. 그녀는 전 세계 역사에 영향을 준 인물이다.

76 토르가우: 궁성교회
최초의 개신교교회가 있는 곳

이 궁성을 보려면 많은 관광객 무리들 속에서 봐야한다. 그만큼 하르텐펠스 궁성(Schloss Hartenfels)은 아름다워서 찾는 이가 많다. 이 궁성은 르네상스 초기 성으로 독일 전역에서 가장 잘 보존되어 있는 성이다. 궁성의 최고 아름다운 부분은 1533년에서 1536년 사이에 콘라드 크렙스(Konrad Krebs)가 만든 큰 소용돌이 모양의 돌계단으로 이것은 본당 건물에 있다. 사람들은 그냥 하나의 돌계단에 불과하다고 말할 수도 있다. 그러나 그렇지 않다. 나선형이 휘둘리는 것 같은 우아한 돌계단은 다른 부수적인 기둥 없이 두 층을 연결하여 위쪽으로 휘감겨 있다. 계단의 환상적인 조화이다. 위층 입구에는 메달에 새겨진 부조형식의 루터 얼굴이 있다.

궁성과 못지않게 아름다운 것이 바로 궁성교회(Schlosskirche)이다. 궁성교회는 성의 한 측면 쪽에 위치해 있다. 마틴 루터는 1544년 10월 5일에 이 교회 입당예배를 드렸다. 이 교회는 최초의 프로테스탄트식 교회 건물로 간주된다. 건축 양식과 예술은 모두 개신교 양식이다. 개신교 양식은 한마디로 말하자면, 눈에 띄지 않게 만드는 것이다. 이는 궁성의 나선형 돌계단과는 대치된다. 궁성의 정면구조물에서 안쪽으로 축소되어 있어서 이곳에 예배당 건물이 있다는 것을 쉽게 알아차릴 수 없다. 개신교적인 절제가 있다. 궁성예배당은 특별한 건물이 아니어야 한다. **"다만 이곳에서 하나님의 말씀이 선포되기 때문에 다른 건물보다 나은 것일 뿐"**이라고 루터는 입당예배 때 설교했다.

궁성교회는 거의 그 당시 즉 루터 시절 그대로이다. 3층 건물*, 아치형의 강당은 넓이가 23x11미터에 높이는 14미터 규모이며 돌로 만들어진 발코니로 둘러싸여 있다. 입구 맞은편 대칭인 긴 발코니 중앙에 설교단이 있다. 설교단의 구분과 장식은 전형적인 개신교 양식으로 설교의 가장 중요한 의미는 하나님의 말씀 선포에 두었다. 제단은 탁자로 만들었으며 더 이상 성물을 거두고 보관하는 육중한 단상으로서의 기능을 하지는 않았다. 탁자에서 또는 탁자를 둘러서서 개신교식 만찬이 행하여졌다.

---

* 유럽식은 미국식의 1층을 지상 층이라 함으로 유럽식 3층 건물은 우리 식으로 하면 4층 건물이다.-역주

 루터의 발자취

빈터그뤼네 거리(Strasse Wintergrüne)와 슐로스 거리(Schloßstraße)는 둘 다 궁성으로 가는 길이다. 빈터그뤼네 거리를 지나면 시교회인 성 마리엔에 도달하는데 이곳에는 카타리나 폰 보라가 장사되었고, 시교회 맞은편에는 루터의 제안으로 1529년에 교구 총 감독관으로 사용되었던 목사관이 있다.

1544
10월 5일에 마틴 루터는 토르가우 시교회의 입당예배를 직접 인도했다.

77 트렙센: 시교구교회
금지된 결혼이 이루어진 곳

오래된 개신교 땅이다. 성주 한스 폰 민크비츠(Hans von Minckwitz)의 소원에 따라 마틴 루터는 1521년에 카스파 쪼우너(Caspar Zouner)를 트렙센(Trebsen)의 첫 개신교 목사로 천거했다. 그러나 카스파 초우너는 카타리나 부허(Catharina Bucher)와 결혼을 함으로 당시 존재하던 모든 종교적 규칙과 충돌하게 되었다.

이것은 많은 심각한 결과를 초래할 수 있었다. 트렙센은 당시 교회법상 주교 아돌프 폰 메르세부르그(Adolf von Merseburg)의 가톨릭 교구에 속했다. 아돌프 주교는 1523년에 메르센부르그의 이웃 지역에 있는 트렙센 교구 목사와 몇 명의 동료들을 소환하고 그들의 가톨릭종교관직을 면직 처분했다. 그러나 이 면직 처분은 카스퍼 쪼우너에게는 별 큰 영향이 없었는데, 왜냐하면 트렙센의 성주가 그를 지지했으므로 그는 1534년까지 개신교 시교구 목사로 트렙센에서 계속 사역할 수 있었기 때문이다.

이것은 모두 종교개혁의 후원자인 민크비츠(Minckwitz) 가문 덕택이었다. 이 가문은 선제후의 수하였던 한스 폰 민크비츠에서 나온 후손들로 1511년에 이 궁성의 성주가 되었고, 그후 궁성을 거주 목적의 성으로 개축했다. 후기 고딕 양식의 사다리꼴 박공은 그 당시부터 지금까지 이 궁성의 외관을 특징짓는다. 민크비츠 가문은 단시간에 권력을 얻게 되었고, 경제적인 부도 갖추게 되었다. 그러나 이 부와 명예는 오래가지 못했다. 1540년부터 민크비츠 가문은 많은 빚 때문에 봉토를 매각해야 했다.

궁성 옆에는 12세기의 낭만주의 양식의 큰 규모의 잘키르헤(Saalkirche)가 있다. 축소되어진 후기 고딕 양식의 제단은 루터 시절(1518) 그대로이다. 종탑은 1552년에 지어졌고 1731년에 양파 모양의 지붕이 완성되었다. 교회의 내부는 1700년대 바로크 양식으로 꾸며져 있다.

오늘날 이 교회를 방문하면 천장에 그려진 엘리사의 승천을 그린 대형 그림을 볼 수 있다(1701). 이 교회의 제단 판은 원래 그림마(Grimma) 수도원교회에 있다가 이 곳으로 옮겨진 것이다.

트렙센은 물덴탈(Muldental)의 그림마와 부어첸(Wurzen) 시 사이에 있다. 이곳은 역사가 850년 된 오래된 도시로 볼 것이 많은 관광지이다. 시교구교회는 도로 B107혹은 그림마이쉐 거리(Grimmaische Strasse)를 타고 오다가 파르길(Pfarrgasse) 5에 있는 옆길로 들어오면 있다.

1521
한스 폰 민크비츠는 카스파 쪼우너를 첫 개신교 목사로 트렙센에 부임시켰다.

78 운터리스도르프: 칼테 슈텔레
루터가 한기를 느낀 곳

 마틴 루터가 비텐베르그에 있던 그의 아내 카타리나 폰 보라에게 보낸 마지막 편지들을 보면 리스도르프(Rißdorf)가 언급되어 있다. 아마 아이스레벤에 도착하기 전 아주 육체적으로 힘든 시점이었으리라. 루터는 1546년 1월 28일에 아이스레벤으로 가는 중에 특별하지 않은 이 장소에서 깊은 인상을 받는다. 그가 만스펠드 백작 가의 싸움을 중재하기 위해 가는 도중 리스도르프에 도착하기 바로 전에 갑자기 차가운 겨울바람이 그의 뺨을 스치고 지나갔다. 그는 "온몸이 얼 것 같이 차가웠다"라고 했다. 이 때문에 그의 병세가 악화되었으리라. 그러나 정작 루터 자신은 이 여행이 그의 생애 마지막 여행이 될 것이라는 것을 짐작하지 못했다.
 이 "차가운 숲속 길"은 옛날 포도 주산지였던 헹엔(Hängen) 산 기슭에 위치하며 아름다운 경치를 자랑한다. 나중에는 사람들이 이곳에 살구나무를 심었다. 갑작스러운 차가운 겨울 동풍은 오늘날도 불어온다. 이 차가운 겨울바람은 이미 이 지방에서 유명하며 이 때문에 살구에 줄무늬가 생긴다고 이곳 과수원 농부들은 불평하기도 한다. 따라서 사람도 단단하게 껴 입어야한다. 그러나 실제 의사들은 루터가 느낀 증상을 다르게 진단할 수도 있을 것이다.
 1996년 이후로 이곳에 기념판이 세워져 잠시 이곳을 지나갈 때 명상의 시간을 가질 수 있게 되었다. 누군가 이미 이 장소에 와 본적이 있다면 이번에는 이곳에서 가까운 운터리스도르프(Unterrißdorf)로 가서 작은 교회를 들러 예배를 드리는 것도 좋으리라.
 이 고장의 교회 연합회는 1995년에 루터의 마지막 여행길의 이름을 변경하도록 공식적으로 제안하였는데, 왜냐하면 이 길의 이름이 칼-막스 거리(Karl-Marx-Straße)로 전혀 걸맞은 이름이 아니었기 때문이었다. 그리하여 이 시골길 이름이 루터 거리(Lutherstraße)로 2006년에는 다시 한 번 루터길(Lutherweg)로 바뀌게 되었다.
 해마다 1월 28일에 운터리스도르프 사람들과 이곳을 찾는 사람들은 함께 오후 5시에 맞추어 1546년에 루터가 아이스레벤으로 가는 마지막 여행 도중 "한기를 느낀 곳"에서 묵념의 시간을 가진다. 물론 이 때는 온몸이 얼 것 같은 갑자스러운 한기에 대비해 정말 따뜻하게 입어야한다.

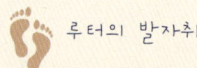

운터리스도르프는 아이스레벤 가기 직전에 있는 마을이다. 도로 B180에서 이 마을 쪽으로 빠져나오면 루터길이 나온다. 운터리스도르프로 들어가기 전에 오른쪽으로 꺾어 돌아가면 기념판이 걸려있는 곳이 나온다.

1546

1월 28일에 루터는 아이스레벤으로 향하였다. 운터 리스도르프 바로 앞에서 갑자기 온몸이 얼어붙을 것 같은 차가운 동풍이 그의 뺨을 스치고 지나갔다.

79 발드하임: 수도원교회
궁성교회가 감옥으로 사용된 곳

발드하임(Waldheim)은 쵸파우탈(Zschopautal)*에 위치해 있어서 경관이 수려하여 쵸파우탈의 진주라고 불린다. 도시 설립 당시에 지어진 건축물이 시의 분위기를 압도한다. 그중에는 높은 담벼락과 철조망에 둘러싸여 감옥으로 사용되는 곳이 있다. 이 건물은 원래 수도원으로 사용되었고 그 이전에는 산성이었다. 종교개혁 이전에 루터는 어거스틴 수도원 사제로 발드하임의 수도원에 책임자였으므로 그가 발드하임을 방문했을 것이라고 본다.

아마 그런 이유에서인지 이 수도원은 일찍이 개혁적인 사상이 넓게 퍼져 있었으며 많은 사제들이 마틴 루터를 지지하였다. 개혁의 물결이 밀려오자 이곳은 1549년에 자연스럽게 산성 영주인 크립슈타인, 게오르그 폰 칼로비츠(Kriebstein, Georg von Karlowitz)에게 귀속되었다. 1588년에 선제후 크리스티안 1세는 수도원을 사들여서 사냥할 때 사용하는 성으로 개축을 하였다. 14세기부터 있던 성 오토 예배당은 궁성교회가 되었다.

새로운 시대가 1716년에 도래하자 아우구스트 데어 슈타르케(August der Starke)는 작센 지방에서는 최초로 사냥용 성으로 사용했던 이 성을 교화와 빈민구제, 고아원으로 만들었다. 1858년부터는 이 건물이 완전히 감옥으로만 사용되게 되었다. 따라서 이 후로는 이 궁성교회를 더 이상 들여다 볼 수 없게 되었다.

물론 발드하임 시에는 또 다른 시교회가 있었다. 그러나 1832년 5월 20일에 일어난 엄청난 화재로 시장 광장에 있던 성전은 완전히 소실되었다. 현재는 시장 광장 벽돌 바닥에 서 있는 청동 표지판만이 이곳에 시교회가 있었음을 알려주고 있다. 1839년에 새롭게 고전주의적인 새 건축물이 켈러베르그(Kellerberg)에 지어졌으며 이 건물은 1200개의 좌석을 갖추고 있고 뛰어난 음향 효과를 갖도록 설계되어졌다. 이 교회에서는 교회합창협회의 공연이 자주 있다. 이 협회는 종교개혁 당시 1561년에 만들어졌으므로 그 역사가 450년 이상 오래되었다. 이 시교회에서 내려다보는 시의 풍광은 정말 아름답다.

이외에 발드하임에서 일어난 정치적으로 중요한 사건은 1813년에 나폴레옹이 군대를 끌고 발드하임을 지나갔으며 니더마크트(Niedermarkt) 8에 있는 집에 하룻밤 잤다고 한다.

---

* 독일의 작센 지방과 체코슬로바키아의 경계선에 있는 산맥의 협곡-역주

이 교도소 건물은 높은 담벼락과 철조망으로 쉽게 알아볼 수 있다. 궁성교회(Schlosskirche)는 높은 담 너머로 보이는데 이곳을 들여다 볼 수는 없다. 대신에 겔러베르그(Kellerberg)에 있는 시교회는 관람할만하다.

1549
종교개혁으로 인하여 수도원은 자발적인 의사에 따라 산성 영주인 크립슈타인, 게오르그 폰 칼로비츠에게 귀속되어졌다.

80 바이마르: 시교회 성 페터와 파울
교회가 별명을 가진 곳

사람들이 이 교회를 헤어더교회(Herderkirche)라고 부르는데, 이유인 즉 신학자이자 철학자인 요한 고트프리드 헤어더(Johann Gottfried Herder)가 1776년부터 그가 죽은 해인 1803년까지 이 시교회에서 교구총감독직으로 사역했기 때문이다. 그는 시교회의 묘지에 묻혔다. 이 교회는 물론 루터교회라고도 부를 수 있는데, 마틴 루터가 1518년에서 1540년 사이에 이 교회에서 여러 번 설교했기 때문이다. 이미 1525년에 개혁의 물결이 시교회에 들어왔고 이로 인하여 바이마르(Weimar) 전체에 퍼져나갔다.

성 페터와 파울(St. Peter und Paul) 교회는 바이마르 지방에서 중요한 의미가 있는 교회 건축물이다. 이 건물은 바이마르 시의 건립 역사와 함께 한다. 1253년에 시의 중앙부인 오늘날 헤어더 광장에 이 교회 건물이 세워졌다. 교회 후원자들로는 오랄뮌데(Orlamünde) 가의 귀족들과 독일 기사 수도회였다.

원래 지어진 건축물의 모습은 알려져 있지 않다. 따라서 이 건축물의 오늘날의 모습은 더욱더 중요한 의미를 가진다. 후기 고딕 양식, 삼랑식 할렌교회이며 다각형모양의 성단소(聖壇所)가 있는 이 교회의 건축 시기는 1489년과 1500년 사이이다. 루터도 이 교회를 바로 오늘날 이 모습 그대로 알고 있었다.

교회 실내에 대해서는 더 많은 것을 얘기할 수 있다. 가장 좋은 것은 그냥 교회 안에서 침묵하며 즐기는 것이다. 몇 가지 특이한 점에 대해 적어보면 양 날개 제단은 루카스 크라나흐에 의해 1552년에 제작되기 시작해서 그의 아들에 의해 1555년에 완성되었다. 이것은 그림으로 그려진 설교요, 르네상스의 그림 언어이며 개신교 믿음의 교리를 묘사한 그림들이다. 그 믿음의 교리의 내용은, 오직 믿음으로만 예수 그리스도를 통하여 이루어지는 죄 사함과 구원의 은혜이다. 하나님의 아들은 아버지 하나님을 담고 있고 상처 피투성이인 예수님 옆에 세례 요한 그리고 마틴 루터가 서 있다.

교구감독자들도 잘못된 길에 빠지지 않는다는 보장이 없다. 1988년 12월 당시의 교구감독자가 비밀경찰과 손을 잡았다. 통독 이후에 알려진 사실에 의하면 그는 동독 MfS*와 협력하여 일하는 목사들 중의 한 사람이었다고 한다.

이 교회 건축은 유네스코 세계문화유산으로 지정되었다.

* Ministerium fuer Staatssicherheit의 약자로 동독 시절 체제 보장을 위해 감시하던 기관이었다-역주

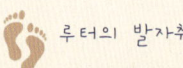

헤어더교회는 바이마르에 있는 헤어더 광장(Herderplatz)에 위치해 있다. 교회 입구에 헤어더의 동상이 지키고 서 있다. 이것 외에는 요한 고트프리드 헤어더에 관한 것은 더 없다.

1776
1776년부터 1803년까지 이 교회에 신학자이자 철학자인 요한 고트프리드 헤어더가 사역하였다.

81 베틴: 성 니콜라이
가장 아름다운 연주회를 즐길 수 있는 곳

베틴에 있는 산성 쪽을 올려다 보면 한 눈에 인상적인 건축물이 들어온다. 큰 강당의 세로를 따라 500미터 길이의 용암석 같은 굳기의 단단한 반암이 뻗어 있는 지반 위에 이 산성이 지어졌다. 대강당 구역 안에는 김나지움이 들어와 있다. 특히 인상적인 것은 성 니콜라이교회이다. 이 교회는 시교회로 이미 12세기에 세워졌다. 이후에 다시 개축되었으며 여러 가지 건축 양식이 부분적으로 들어있다.

종교개혁은 약 1550년 정도에 베틴(Wettin)에 들어왔다. 루터는 직접 한 번도 베틴을 방문한 적은 없는 것으로 보인다. 그럼에도 불구하고 이 작은 도시는 종교개혁사상에 크게 영향을 받았다. 그리고 교회 건축 양식에도 변화를 가져 왔다. 종교개혁 이후 본 예배당 건물은 개방된 회당으로 사용되었고, 성단소 왼쪽 벽 쪽에 설교단이 세워졌으며 젊은 개신교 도시에서 흔히 있는 경우로 묘지는 시 외곽으로 옮겨졌다. 묘지가 세워졌던 곳에는 학교가 세워졌다. 이것은 곧 신앙과 교육의 일체화를 상징했다. 약 1600년대에 이 작업은 완성되었는데, 교회 앞 헌정 판에 이렇게 쓰여 있다.

"B.C. 1600년에 하나님의 영광과 베틴의 시민사회를 위해 세워진 이 교회를 성 니콜라이(St. Nicolai) 교회로 명명 한다."

동독 시절 30년 동안이나 이 교회는 버려져 있었으며 누구 하나 이 교회에 대해 관심을 가지지 않았다. 한마디로 완전히 잊혀졌다. 통독 이후 이 숨겨진 보석을 돌아보는 후원모임이 생겨났다. 그러자 베틴의 시민들도 관심을 가지기 시작했다. 이로 인하여 성 니콜라이교회는 보석처럼 아름답게 거듭났다.

마지막 개보수 이후에 교회는 다시 환상적인 모습을 회복했다. 서쪽 입구를 통해 교회로 들어가면 큰 예배당이 나오는데 이 예배당은 고딕 양식의 창문으로 빛이 흘러들어올 뿐 아니라 투명한 천정으로도 빛이 들어와 밝고 환하다. 성단소 부분도 밝으며 중심점은 제단이다. 이 외에도 교회에는 콘서트홀로서의 역할을 하기 위해 적합한 인테리어나 시설들이 갖추어져있다.

교회는 니콜라이키르히 광장(Nicolaikirchplatz)에 있다. 이곳에는 정말 훌륭한 콘서트가 열리는데, 이 교회는 아주 좋은 음향 장비를 갖추고 있다. 벽의 위쪽 부분에 음향 장치가 설치되어서 소리가 훨씬 아름답게 들린다.

1550
종교개혁이 베틴에 들어왔다. 이에 따라 사람들이 교회를 개신교 양식으로 개축했다.

비텐베르그
"종교개혁"의 어머니

비텐베르그

에게 루터는 한편으로는 영광이지만 또 다른 편으로는 어느 정도 짐이 되기도 한다. 비텐베르그 시민들은 아침 일찍 루터와 함께 잠에서 깨어나고 밤에도 루터와 함께 잠자리에 든다. 항상 루터와 함께 한다. 비텐베르그는 루터 시절로 인하여 항상 정도(正道)를 걷도록 되어있었다. 기록상으로는 이 지역에 이미 10,000년 전에 사람들이 모여 살기 시작했다고 한다. 역사 문헌에 의하면 973년부터라고 한다. 비텐베르그(Wittenberg)라는 이름은 1174년에 처음 언급되어진다.

알브레흐트 2세가 비텐베르그에 살면서 작센-비텐베르그 지방의 수도로 비텐베르그를 지정하였으며 비텐베르그는 1293년에 도시로 승격되었다. 1486년에 프리드리히 현자가 선제후로서 작위를 받으면서 중세시대의 새로운 국면을 맞게 되었다. 비텐베르그는 엘베 강 다리가 놓인 선제후가 사는 중심 도시가 된 것이다. 2000명의 사람들이 비텐베르그 지역에 살았다.

1502년에 선제후는 참으로 열정적인 사람으로 이곳에 대학을 세우기로 결심한다. 한 제국의 최초의 대학이 중세시대 성직자가 아니라 영주에 의해 세워진 것이다. 정말 대단하다.

이때부터 선제후 궁정은 창의적인 인물들을 불러 모으는 구심점이 되었다. 이후로도 다른 많은 건물들이 세워졌다. 1503년에 프리데리

시아눔(Friedericianum), 1504년에는 어거스틴수도원으로 슈바르쩨스 수도원(Schwarzes Kloster)이라고도 불린다. 정말 유명한 많은 사람들이 비텐베르그를 찾아왔다. 루카스 크라나흐, 루터, 멜란히톤.

1517년 10월 31일에 루터가 95개 조항을 발표함으로 새로운 시대의 막이 열렸다. 비텐베르그는 종교개혁의 탄생 장소이자 "프로테스탄트의 로마"라 일컬어진다. 프리드리히 현자의 죽음 이후 수도로서의 기능은 토르가우로 넘어갔지만 종교개혁 운동의 중심지로서는 영원하다.

비텐베르그는 종교개혁 이후에도 많은 혼란의 소용돌이 속에 빠진다. 슈말칼덴 전쟁에서의 패배와 항복, 종파 갈등, 마녀재판. 그래도 다행히 30년 전쟁은 비텐베르그에 큰 피해 없이 지나갔다. 그러나 뒤이어 벌어진 전쟁들로 인하여 시의 인구는 1/10로 감소했다. 1795년에는 학생 인구가 366명밖에 안되었다.

일찍이 이곳에서는 루터와 종교개혁 기념물들이 만들어졌다. 1821년에 비텐베르그에서는 루터 기념 동상이 시장 광장에 세워졌고 1830년에는 루터 기념 식수가 심어져 오늘날까지 전해지며 청동으로 만든 반박문이 새겨진 문이 궁성교회에 세워졌다. 1865년에는 멜란히톤 기념 동상을, 1892년에는 종교개혁 역사박물관이 루터하우스에 만들었고 1892년에는 궁성교회를 복원하여 봉헌했으며 1894

* 중세시대 구 신학교

년에는 부겐하겐 기념 동상이 키르히 광장(Kirchplatz)에 세워졌다.

기념일로는 1952년에 비텐베르그대학교 건립 450년, 1953년에는 루카스 크라나흐가 죽은 지 400주년 기념일 그리고 1967년에는 종교개혁이 시작된 날로 450년 되는 해가 있다.

그러면 오늘날은?

종교개혁의 성지로서 관광도시로의 부상에 대한 희망을 가지고 있다. 수많은 건물들이 복원되었고 사회기반시설이 새롭게 만들어졌으며, 다른 많은 관광상품들이 개발되어지고 있다.

그러면 루터는?

우리가 루터의 말을 있는 그대로 받아들인다면 그는 정작 비텐베르그를 편안한 곳으로 느끼지 못했다. 그는 35년의 세월을 비텐베르그에서 살면서 사역하였지만 비텐베르그를 자주 비판하였다.

"우리는 여기 비텐베르그 도살장에 앉아 있다. 비텐베르그 사람들은 문명의 가장자리에 밀려 사는 것처럼 많은 발전을 이루어내지 못했고 여전히 미개 사회의 중앙에 사는 것 같다"

그러면 루터 유적지는?

몇 군데를 들어 보겠다. 콜레긴 거리(Collegienstraße) 끝에 있는 **루터하우스(Lutherhaus)**로 원래는 "슈바르쩨 클로스터"(Schwarze Kloster)이라고 불리던 수도원이었던 곳이다. 같은 콜레긴 거리에 있는 **아우구**

스테움(Augusteum)은 본관이 있는 대학 건물인데 루터하우스의 뒤뜰을 지나 걸어가면 나온다. **시교회 성 마리엔(Stadtkirche St. Marien)**은 마틴 루터가 여러 번 설교한 교회이다. 교회 담임 사역자는 루터 당시 요하네스 부겐하겐이었다. **부겐하겐하우스(Bugenhagenhaus)**는 키르히 광장(Kirchplatz) 9에 있다. 부겐하겐은 시교구목사로 임명받아 이곳으로 이사 왔다. **궁성(Schloss)**과 궁성교회는 구시가지의 서쪽 가장자리에 위치해 있는데 한눈에 봐도 알아차릴 수 있을 정도로 건물이 눈에 띈다. **멜란히톤하우스(Melanchthonhaus)**는 그 당시에는 비텐베르그에서 가장 현대적인 집이었다고 한다. **크라나흐의 땅(Cranach-höfe)**에 지어진 건물들을 둘러보면 크라나흐에 대해서 많은 것을 알 수 있게 된다. 잊지 말고 보아야 할 것으로는 시장 광장에 서 있는 **루터-멜란히톤 동상(Luther- und Melanchthon-Denkmäler)**이다.

혹 좀 다른 면을 보고 싶다면 1999년에 지어진 **훈데어트바서-슐레(Hundertwasser-Schule)**를 추천한다. 흥미로운 것은 루터 멜란히톤 김나지움이라 불리지만 보장하건데 루터와는 전혀 관계가 없는 곳이다. 이 학교는 쉴러 거리(Schillerstrasse) 22a에 있다. 비텐베르그 사람들은 이 학교가 루터와 전혀 관계없음에도 이렇게 불리는 것에 대해 자연스럽게 받아들인다. 왜냐하면 루터는 그들의 운명이라는 사실을 알고 있기 때문이다.

비텐베르그: 멜란히톤하우스
멜란히톤이 살았던 곳

멜란히톤, 그가 만약 없었다면 종교개혁은 그냥 짚불로 타다가 꺼져버렸을 것이다. 그는 루터 뒤에 있는 강력한 조직가였다. 그는 루터가 감정적으로 행동하는 분야에서는 이성적으로 대처하여 중화시키는 조력자요, 전체 골격을 만들어가는 사람이었다.

필립 멜란히톤이 살았던 이 집은 르네상스 풍으로 비텐베르그에서 궁정이 아닌 평민의 집 중에서는 가장 아름다운 집으로 꼽힌다. 이 집과 연관된 이야기가 있다. 1518년에 멜란히톤은 비텐베르그에 교수로 임명받았다. 그가 교수로 임명받음으로 확실한 사회 경제적인 지위가 보장되자 결혼을 할 수 있게 되었다. 그는 실제로 1520년 11월 25일에 결혼했다. 선택된 신부는 카타리나 크랍(Katharina Krap)이었다. 이 부부의 결혼은 시작이 중매 결혼이었고(당시에는 관례적으로 이런 결혼을 했다) 부부는 4명의 자녀를 낳게 되었다. 그러자 두 사람은 콜레긴 거리(Collegienstraße) 60에 있는 집으로 이사를 했다. 그런데 그 당시에 이사한 집은 지금의 멜란히톤하우스처럼 아름답지 않았던 것 같다. 멜란히톤이 당시 이 집을 반쯤 쓰러져가는 황토 간이 숙소란 뜻으로 "부데"(Bude)라고 불렀다.

16년 동안 그는 이 부데에서 살았다. 그러나 루터는 그 당시 이미 오래 전부터 안락한 "루터하우스"에서 살고 있었다. 멜란히톤은 겨우 간이 숙소 정도 밖에는 대우받지 못했다고 볼 수 있었다. 이로 인하여 1535년에 멜란히톤은 비텐베르그를 떠나기로 결심한다. 그러자 그에게 비텐베르그대학교와 "용감한 자"라고 불리는 선제후 요한 프리드리히 1세가 비용을 부담하여 이 부지 위에 새로운 집을 지어주었다.

이 집은 4층으로 지어진 학자의 집으로 큰 정원도 갖추고 있었다. 이 집과 토지의 소유권과 함께 그에게 비텐베르그 시민으로서 무제한의 권리도 부여하였으므로 멜란히톤이 비텐베르그를 떠나지 않고 계속 머문 이유가 되었다. 또한 그는 큰 사치를 누릴 수 있었는데 바로 이미 1556년에 집 안에 수도시설을 갖추고 있었다는 것이다. 이 집에서 그는 1560년에 죽을 때까지 살았다. 그의 시신은 루터와 같이 비텐베르그 궁성교회에 안치되었다.

멜란히톤을 지지하는 사람들은 멜란히톤박물관을 둘러보면 좋은데 오랜 대기 시간을 예상하고 가야한다. 1967년부터 이 박물관이 있었고 멜란히톤의 삶과 사역을 담고 있다. 이곳에서는 인문주의자 멜란히톤이 전면에 강조되어 있다.

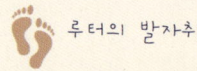

멜란히톤하우스 옆에 2013년 초에 새로운 건물이 문을 열었다. 600제곱미터 정도의 전시관으로 종교개혁가로서의 멜란히톤에 대해 전시하고 있다. 주소: 콜레긴 거리(Collegienstrasse) 60

1520

멜란히톤은 카타리나 크랍과 결혼하였다. 이 결혼은 중매 결혼이었으나 부부의 금슬은 좋았던 것으로 보인다.

83 비텐베르그: 유댄자우릴리프*
루터가 유대인을 비방한 곳

"유대인은 우리에게 무거운 짐, 즉 재앙, 흑사병, 불행을 이 땅에 불러오기 때문에."

이 말은 사실 루터가 한 것이다. 역사학자들은 루터의 반유대주의는 유대인들을 전도하려는 그의 절대적인 의지의 발현이라고 신학적으로 해석하기도 한다. 그러나 이것은 충분한 해명이 될 수 없다. 1440년에 만들어져 비텐베르그 시교회에 있는 유댄자우릴리프(Judensaurelief)가 보여주는 것만큼 당시 실제 유대인에 대한 증오가 그렇게 널리 퍼져 있지는 않았다.

유댄자우(Judensau)는 반유대주의를 상징하는 것으로 당시의 독일의 다른 몇몇 교회나 산성에서도 볼 수 있다. 유대인이 불결하다고 여기는 돼지를 유대인에 비유해 그려 넣었다는 것은 의도적인 굴욕을 의미하는 것이다. 이 조각판들은 13세기에서 15세기 사이에 만들어졌다. 1517년부터 루터는 비텐베르그 시교회에서 자주 설교하였다. 그러므로 이 조각판을 잘 알고 있었을 것이다. 1543년 루터의 반유대주의를 드러내는 핵심적인 문서가 발견되었는데 바로『유대인과 그들의 거짓말』(Von den Juden und ihren Lügen)이다. 1546년에 "Schem Ha Mphras"("거짓된 이름"이라는 뜻의 히브리어)이라는 비방문에서 루터는 비텐베르그 시교회에 있는 부조판에 대해 다음과 같이 밝혔다.

"돼지 뒤에 한 명의 랍비가 서서 돼지의 오른쪽 다리를 높이 쳐들고, … 탈무드 속을 커다란 쥐와 함께 등을 구부리고 힐끔 쳐다보는 꼴이 뭔가 날카롭고 특별한 것을 읽고 알아챈 것처럼 군다."

루터는 탈무드와 유댄자우를 연관해서 랍비의 성경 해석과 유대교의 믿음을 비웃었다. 혹자는 루터도 시대의 영향을 받은 한 사람에 불과하다고 말할 수도 있다. 루터 이전에 이 조각판을 만들도록 한 사람이나 이것을 직접 만든 조각가도 이미 반유대교적인 사상을 가지고 있었다는 것이다. 그러나 그의 단호하고 모욕적인 표현은 수백 년 동안 유대인과의 순조로운 신학적인 대화를 불가능하게 만들었다. 이 정도까지만 아니었더라면, 오늘날….

오늘날은 이 주제에 대해 더 예민하다. 1988년에 교회 광장의 조각판 아래 벽돌 바닥에 반유대주의에 대한 경고판을 세워 두었다.

* 유대인을 돼지에 비유해 새겨놓은 부조 조각판-역주

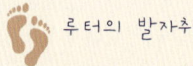

유댄자우 조각판은 1440년 정도 루터 이전에 비텐베르그 시교회에 설치되어 있었다. 유대인에 대한 증오를 다스리는 것은 당시 일반적인 사회 주제였다.

1543
루터의 반유대주의를 나타내는 핵심적인 책이 발간되었는데, 책명은 『유대인들과 그들의 거짓말』(*Von den Juden und ihren Lügen*)이다.

84 비텐베르그: 크라나흐-호프
불멸의 화가가 있는 곳

그가 없이는 불가능했다. 루카스 크라나흐(Lucas Cranach)는 1505년에 선제후 프리드리히 현자로부터 비텐베르그에 있는 작센 궁정으로 부름을 받았다.

우연한 행운이었을까 아니면 선견지명이었을까?

크라나흐는 여기에서 40년 동안 살았다. 그는 화가이자 경영인이었다. 그는 르네상스 궁정 안에 성공적인 그림 작업실을 만들었을 뿐 아니라 인쇄소도 같이 운영했는데, 이곳에서 루터의 독일어 번역 성경이 인쇄되었다. 또한 그는 비텐베르그 약국도 운영했고 더 나아가 포도주와 맥주 영업권도 취득했다. 크라나흐는 시참의원이었으며 1537년부터 여러 번 시장으로 일했다.

나중에는 그의 아들 루카스 크라나흐 주니어가 그림 작업실에 합류를 했다. 이 두 부자는 함께 시교회였던 성 마리엔의 개혁주의식 제단을 만들어 예술 작품들을 그려나갔다. 친밀한 부자 관계이다. 크라나흐는 그가 그린 그림과 선제후와 목사들의 초상화를 통해 오늘날까지 역사 속에 살아있다. 그는 시대의 감각을 가지고 있었다.

그러나 이곳에서 16세기의 시대상을 온전히 볼 수 있다고 생각하지 않았으면 한다. 집들은 여러 번 개보수되어 달라졌다.

그러면 아무것도 원형 그대로는 없단 말인가?

아마 사람들이 밟고 서 있는 벽돌 바닥은 크라나흐가 살던 그 시대의 것이리라.

"카페 3"(Cafe 3)이나 슐로스 거리(Schlossstrasse)에 있는 "궁정식당"(Hofwirtschaft)에서 식사하며 역사를 되짚어봐도 좋다. 또는 기념품을 사거나 문화 해설사를 동반한 코스에 참여하는 것도 추천할만하다. 이 모든 것이 가능한 것은 1989년부터 시민들이 조성한 크라나흐 기금(Cranach-Stiftung) 때문이다. 이 기금 단체는 크라나흐 집들을 정성스럽게 개보수하면서 유명해졌다. 동독 정부의 크라나흐를 바라보는 시선은 곱지 않았고, 그의 집들과 뜰을 그냥 폐허처럼 버려두었기 때문에 개보수 공사가 빠른 시일에 필요한 상태였다. 이 단체는 세상에 크라나흐의 유적에 대하여 알렸을 뿐 아니라 많은 문화적인 행사를 기획하여 열었다. 이 행사에 크라나흐가 살아있었더라면 적극 참여했을 것이다.

크라나흐 건물은 시의 중앙부인 슐로스 거리(Schlossstrasse) 1과 마크트(Markt) 4에 있다. 이곳을 방문하면 크라나흐 가문의 경영적인 마인드를 느낄 수 있다. 슐로스 거리 1의 뜰에는 앉아서 즐길 수 있는 근사한 레스토랑이 있다.

1505 선제후 프리드리히 현자는 루카스 크라나흐 시니어를 작센 궁정이 있는 비텐베르그로 불러들였다.

비텐베르그: 루터하우스
여장부 캐테가 돌보고 관리하던 곳

예전의 수도원을 집으로 사용했던 사람은 많지 않을 것이다. 마틴 루터가 그중 한 사람이다. 콜레긴 거리(Collegienstrasse)에 있는 루터하우스는 원래 1504년에 어거스틴 수도원으로 지어졌으며 용도는 사제들의 침실과 수도학을 공부하는 학생들의 강의실이었다. 이 수도원은 직역하면 "검은 수도원"이라는 뜻의 독일어 "슈바르쩨 클로스터"(Schwarze Kloster)라 불렸는데, 이유는 이곳에서 지내는 사제들의 옷 색깔 때문이었다고 한다.

루터는 1507년에 사제헌신 결단 후에 이 수도원으로 들어왔다. 그는 비텐베르그대학교에서 박사 학위를 받고 1512년에 성경 해석학 교수직을 맡게 되었다.

루터는 18세기에 철거된 수도원내의 수도사가 지내는 방 한 칸에 살았다. 1524년 종교개혁이 일어나자 선제후는 주인 잃은 고아 신세가 된 수도원을 루터와 그의 가족에게 맡겼다. 이곳에서 루터의 가족은 루터가 죽을 때까지 살았다.

마틴 루터와 카타리나 폰 보라는 1525년 6월 13일에 요하네스 부겐하겐의 주례로 어거스틴수도원에서 결혼식을 올렸다. 사랑이 전제되지 않은 중매 결혼과 같았다. 1525년 6월 21일에 결혼식을 한 후 8일 지나서 루터는 그의 친구인 니콜라우스 폰 암스도르프에게 이렇게 편지 했다.

"나는 나의 아내에게 불타는 사랑이나 정열을 느끼는 것은 아니지만 나는 그녀가 정말 좋다."

카타리나 폰 보라는 중소기업을 경영하는 것과 맞먹는 규모의 가정 경제를 운영하는 사장이었다. 그는 아이들을 기르고 손님들, 교수와 선생들, 학생들, 심부름하는 사람들, 일당벌이 일꾼들을 돌보고 맞이했으며, 가축들과 큰 정원까지 돌보며 농사를 짓고 주조공장을 운영했으므로 이것만으로도 그녀는 성공한 재정부장관이라 할 수 있을 것이다. 그녀는 돈을 토지에 투자했으며 땅을 사기도하고 정원과 농지를 임차해서 수많은 야채를 심고 가축들을 길렀다. 가정 경제는 점차 자급자족이 가능해져갔다.

루터가 여자들의 사회적인 활동에 대해 관심이 없다는 것은 이미 알려져 있다. 그러나 가끔씩 카타리나의 집안 살림과 가정 경제를 끌어나가는 경영 능력을 헛기침하는 척하면서 인정하곤 했다고 한다. 이렇게 하여 마틴 루터도 여장부인 캐테 앞에서 자신을 낮추어야 했다. 집안 안쪽 뜰에는 카타리나를 기념하는 동상이 있다.

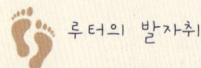

루터하우스(Lutherhaus)는 콜레긴 거리 54에 있는데, 오늘날 이곳은 규모가 큰 루터박물관이다. 루터의 사제복과 크라나흐 시니어의 10계명판과 루터 성경 그리고 그의 손 글씨와 메달 등이 전시되어 있다. 광범위하게 원형 그대로 보존된 루터의 방을 볼 수 있다는 것이 매력적이다.

1524
선제후는 주인 잃어 고아 신세가 된 수도원을 마틴 루터와 그의 가족에게 맡겼다.

86 비텐베르그: 궁성교회

모든 것의 시작: 궁성교회 문에 붙은 95개조 반박문

이 교회는 그냥 간과할 수가 없다. 88미터 높이에 가는 원통형 교회 종탑. 이 교회의 종탑은 금빛에 신 고딕 양식 원통형이다. 바로 그 밑에 모자이크 돌에 글귀가 새겨져 있다. 글자 높이가 약 1미터 크기의 큰 활자는 마틴 루터가 직접 지은 찬송가 첫 번째 마디이다.

"내 주는 강한 성이요, 방패와 병기되시니"(Ein feste Burg ist unser Gott, ein gute Wehr und Waffen).

궁성 자체는 그렇게 주목을 받지 못했지만 궁성교회(Schlosskirche)가 역사적인 스타이다. 1517년 10월 31일, 그때까지 잘 알려지지 않은 비텐베르그 사제이자 신학 교수였던 루터는 이 교회의 정문출입문에 95개 조항을 붙인다. 이로 인하여 세계는 변화를 시작한다.

그 이전에도 이미 예배당은 있었다. 그러나 선제후 프리드리히 현자가 1489년에서 1509년에 걸쳐 거주 궁성과 함께 이 궁성교회를 세웠다. 1507년에 이미 대학이 교회 안에 들어왔고 교회의 공간들은 강의실로 사용되어졌다. 마틴 루터는 이 교회에서 가르치고 설교했다. 1525년에 개신교식 예배가 드려졌다. 1546년에 마틴 루터가 죽자 그의 전우 필립 멜란히톤(1560년)이 묻힌 것처럼 이 교회에 안장되었다.

다시 교회 종탑을 살펴보면 원래는 궁성의 탑이었다. 1770년에 7년 전쟁 때 피해를 입은 교회를 복구하는 작업이 이루어졌는데 이때 궁성의 탑을 교회 탑으로 개축하게 되었다. 오늘날 신 고딕 양식의 모습은 1883년에서 1892년 사이에 이루어진 교회와 종탑을 교체 수리하는 과정에서 만들어진 것으로 교회 종탑이 원통모양이 된 것도 이때부터이다. 따라서 루터는 오늘날의 모습인 교회를 알지는 못한다.

이 교회는 1949년에 만들어진 궁성교회 성도들에 속한 교회이다. 성도 수는 110명이다. 그러나 비텐베르그 궁성교회는 모든 사람의 교회이다. 모든 사람은 매 주일 10시에 드려지는 예배에 참석할 수 있다. 매달 첫 주일은 성만찬이 이루어진다. 역사적인 감흥이 있는 곳이다.

궁성은 슐로스 광장(Schlossplatz)에 웅장하게 서 있다. 이곳이 비텐베르그 오래된 역사도시의 출입구라 볼 수 있다. 여기서부터 수많은 역사적인 건물들이 남아있는 슐로스 거리(Schlossstrasse)가 시작 된다.

1517
10월 31일 비텐베르그 어거스틴수도원 사제이자 신학 교수였던 마틴 루터는 궁성 교회 정문 출입문 앞에 95개조 반박문을 붙여 공표했다.

87 볼스도르프: 순례자 숙소
믿음의 발자취를 따라 가 볼 수 있는 곳

사람들은 볼스도르프(Wohlsdorf)를 잘 알지 못한다. 500명 정도의 사람이 거주하는 작은 시골마을로 군청 소재지인 베른부르그에서 남동쪽으로 약 10킬로미터 정도 떨어진 거리에 위치해 있다. 볼만한 관광거리로는 그로센 빈도르퍼 타이시(Grossen Wiendorfer Teich)를 들 수 있는데 이 지역 전체에서 가장 큰 내륙 호수이다. 여기에서 산책도 하고 보트도 타고 수영도 할 수 있다. 그런데 눈에 띄지 않는 이 작은 시골마을이 이미 986년에 역사기록 문헌에 등장한다. 이 사실은 우리가 작은 시골 마을의 역사에 대해 관심을 가져볼 만한 대목이다.

낭만주의 기원을 가진 숨겨진 보석 같은 이 마을은 한 번 둘러볼만하다. 16세기 초 건물인 작은 교회. 출입구에 있는 템플러오텐(Templerorden)*의 기사 십자가가 인상적이다. 교회 중앙탑은 1783년에 이 지방 군주의 왕관 모양으로 만들어졌고 이 탑은 바로 궁성 빈도르프(Schloss Biendorf)를 가리키고 있다. 교회의 종탑은 1518년에 개혁의 시대를 알렸다. 오늘날 이 교회 건물은 교회로 사용되고 있지 않다. 이 건물은 사람들이 만나고 즐길 수 있는 사회 문화적인 공간으로 사용되고 있다. 건물 옆에는 원래 마구간이었던 곳을 개축한 소박한 순례자 숙소와 농가가 있는데 이 농가는 아버지 한스 루터의 제련공장을 물려받았던 루터의 남동생 야콥(Jacob)의 후손인 빌라(Bila)의 가족이 살았었다고 한다.

아마 루터 자신은 이 시골교회에서 설교한 적은 없었던 것 같다. 그럼에도 불구하고 사람들은 이곳을 순례지로 만들었다. 2008년부터 볼스도르프는 루터 유적지 중의 하나에 속하게 되었다. 이렇게 될 수 있었던 것은 동독 정부로부터 이곳을 몰수당했다가 통독 이후 1992년에 다시 반환받아 돌아왔던 야콥 루터의 후손 볼프 폰 빌라(Wolf von Bila) 덕분이다. 볼스도르프는 상당히 정확하게 비텐베르그와 아이스레벤 사이 중앙에 위치함으로 순례자들이 묵어가기에 이상적인 곳이다.

볼스도르프교회에는 이미 수 년 동안 예배가 드려지지 않고 있다. 성도도 없고 사역자도 없고 돈도 없다. 볼프 폰 빌라가 이 교회 건물을 사서 다시 개축해서 운영하고 있다. 그녀는 이곳에 순례 유적지로서 새로운 의미를 부여하였다. 지나가는 길에 숨은 작은 보석 같은 마을이다.

* 1118년에서 1312년까지 존재했던 중세시대 영적인 기사단 중에 하나이다-역주

볼스도르프는 쾨텐(Köthen)과 베른부르그(Bernburg) 사이에 있다. 교회는 마을의 중앙에 있고 진입하는 길은 도르프 거리(Dorfstrasse)에서 시작한다.

1518
이 때가 볼스도르프의 종교개혁의 원년으로 추정된다. 그러나 객관적으로 증명할 자료는 없다.

88 볼켄부르그: 성 마우리티우스교회
루터가 아내의 노후를 위해 선물한 곳

루터가 이 땅 위에 두 다리로 딱 버티고 서 있었다. 비텐베르그에서는 주로 카타리나 폰 보라가 가정 경제를 책임졌다. 마틴 루터는 경제에 대해 별 관심도 이해도 없는 것처럼 보였지만 적어도 그가 죽고 난 후 홀로 남을 아내의 노후를 어떻게 보장할지에 대한 생각은 충분히 했던 것 같다. 그는 오늘날 젊은 사람들이 생각하는 것보다는 추측컨대 더 깊이 노후에 대해 생각했던 것 같다. 그는 1541년에 아내에게 췰스도르프(Zöllsdorf)에 있는 토지를 물려주었다. 루터 가족은 자주 이 땅을 돌아보고 루터의 아내가 직접 관리를 했다.

이 토지 가까운 곳에 볼켄부르그(Wolkenburg)가 있다. 루터가 토지를 매입한 후에 볼켄부르그 성주에게 12쉐펠(Scheffel)*의 곡물과 24쉐펠의 귀리를 빌려달라고 요청한 적이 있다. 그런데 그 이유는 정확하게 알려진 바가 없다.

볼켄부르그는 군청 소재지인 림바흐-오버프로나(Limbach-Oberfrohna)의 큰 구역에 속한다. 이곳에 바로 성 마우리티우스교회(St. Mauritiuskirche)가 있다. 이 교회는 1794년에서 1804년 사이에 아인지델의 데트레프 칼 백작(Detlef Carl von Einsiedel)에 의해 세워졌고 작센 지방에서 처음으로 고전 양식으로 지어진 교회 건축물로 전반적인 형태가 인상적이다. 교회 내부에는 라우흐함머(Lauchhammer) 지방의 주조 기술로 만들어진 최초의 철을 부어 만든 예술 작품이 있다.

이 지역의 위쪽 부분에는 궁성 볼켄부르그가 800년의 세월을 자랑하며 서 있다. 1627년에서 1945년까지 이 산성의 주인은 아인지델 가문이었다. 17세기에 이 산성은 궁성으로 개축되었다. 볼만한 것은 영국식으로 조성된 성의 정원이다. 동독 시절 궁성은 상당히 많이 쇠락했다. 1997년부터 다시 보수 공사와 복원이 시작되었고 2004년에 모든 공사가 마무리되었다. 너무나 아름다운 궁성과 테라스 형태의 궁성 정원은 문화 예술 전시회에서 항상 소개된다.

화장실은 궁성에서 교회로 난 작은 다리를 건너면 나온다. 우아한 신사와 숙녀들을 위하여 1층짜리 건물로 지어졌으며, 들어가는 출입구가 분리되어 있다.

---

* 곡물을 세는 그릇 단위로 지방마다 달라서 50-180리터로 다양하다-역주

볼켄부르그로 진입하는 도로는 고속도로 A72나 B175이다. 볼켄부르그는 쯔빅카우 물데(Zwickauer Mulde) 강이 굽어 흐르는 유역에 있다. 슐로스 거리(Strasse Schloss)를 지나면 바로 궁성이고, 슈트라세 암 슐로스(Strasse am Schloss)를 따라가면 교회가 나온다. 때로는 비슷한 이름인데, 들리는 뉘앙스에 따라 다른 곳이 나온다.

1541
마틴 루터는 췰스도르프의 토지를 아내의 노후를 위해 선물했다.

뵐리츠: 성 페트리교회
교회가 숲속에 있는 곳

당시에는 이것이 일반적이었다. 영주가 그의 신하들에게 돌을 끌어 모으라고 명령한다. 1160년에 알브레흐트 데어 베어(Albrecht der Bär)는 명하기를 돌로 교회를 세우라고 한다. 1201년에 이 교회에서 입당예배를 드렸다. 당시에 만들어진 그대로 오늘날 남아 있는 것은 기초 담벼락과 2개의 낭만주의 양식의 기둥으로 만들어진 남쪽 출입구와 서쪽 출구의 아치형 천장이다. 1520년 말에 이미 이곳에 개혁이 이루어지기 시작했고 1532년 루터가 초청되어 설교하였다.

오늘날 아름답기로 유명한 이 건물의 형태는 결정적으로 작센-안할트 지방의 영주 레오파드 프리드리히 프란츠(Leopold Friedrich Franz, 1740-1817) 덕분이다. 그는 또한 데사우 뵐리츠 대정원(Dessau-Wörlitzer Gartenreiches)을 만든 사람이기도하다. 19세기 초 그는 뵐리츠교회(Wörlitzer Kirche)를 새로 개축하도록 명령했다. 그리하여 교회는 옆쪽 건물이 하나 더 추가되었고 교회 종탑은 66미터로 더 높아졌다. 오르간이 놓이는 곳, 발코니, 영주의 특별석과 바닥까지 모두 이때 새로 만들어진 것이다.

통독 이후 수차례 개보수가 이루어졌다. 지붕도 새로 교체되었다. 무른 사암은 동독 시절 자연환경의 영향을 그대로 받아 많이 상하여서 모두 새롭게 교체해야했으므로 상당한 비용이 들어갔다.

특이한 것은 뵐리츠교회의 성경 탑이다. 탑과 관련한 전시가 옛날 종탑지기가 살았던 이 탑 3층에 마련되어져 있다. 66미터 높이 안에 "**하늘과 땅 사이를 잇는 공간**"이 있다. 이곳은 성스러운 성경 말씀과 고유한 세계문화유산을 이어주고 있다.

200개의 계단을 걸어서 꼭대기까지 올라가 전망대에 서면 눈앞에 시 전체가 1800년대에 만들어진 공원처럼 펼쳐진다. 이미 우리 이전인 1778년에 괴테는 이 광경을 한껏 즐겼다.

"여기는 정말 한없이 아름답다. 어제 저녁 우리가 본 호수와 운하 그리고 숲도 내 마음을 설레게 했는데, 그 옛날 영주가 우리에게 선사한 이곳은 꿈속을 헤매는 것처럼 아름답구나."

이곳으로 진입하는 가장 아름다운 길은 도로 B9를 타고 코스빅(Coswig)에서 빠져나와 엘베 강을 따라 배를 타고 오는 길이다. 이곳을 들어오는 길에 이미 뵐리츠의 풍경을 감상할 수 있는데, 시간을 가지고 느긋하게 즐길만하다. 궁성 뵐리츠는 독일 고전주의 양식의 토대가 되는 건물로 안할트-데사우 지방의 영주 레오폴드 3세 프리드리히 프란츠의 명령 하에 축조되었다. 이곳에는 18세기 말경의 원형 그대로 실내가 보존되어있다.

1532
마틴 루터가 뵐리츠교회에서 설교하였다.

90 부어쩬: 돔 성 마리엔
루터가 분쟁을 중재한 곳

마틴 루터는 직접 부어쩬(Wurzen)에 오지는 않은 것으로 예상 된다. 놀랄 만한 것도 아니다. 왜냐하면 부어쩬 궁성에는 가톨릭재단 정부, 즉 "적군"이 자리 잡고 있었기 때문이었다.

그럼에도 불구하고 종교개혁가 마틴 루터는 돔 성 마리엔(Dom St. Marien)에 개혁 사상을 심었다. 1542년부터 돔에는 개신교 예배가 드려졌다. 이것은 상당히 의미가 있는데, 1581년까지 가톨릭 주교들이 바로 옆 궁성에 살고 있었기 때문이다.

돔 앞에는 소위 루터 샘(Lutherbrunnen)이라 불리는 샘이 있고 샘 주위에는 루터의 초상화가 걸려 있으며 돌로 된 벤치도 있어 잠시 쉬어갈 수 있다. 이 유적지가 남아 있는 것은 돔 성당의 경제적 지원과 덕망 있는 부어쩬 시민들의 후원으로 가능했다.

돔 안에는 루터의 모습이 여러 군데 있다. 서쪽 성단소에 찬양하는 사람이 서는 발코니에는 마틴 루터 모습과 그의 찬송가 앞 소절인 "내 주는 강한 성이요"가 함께 새겨져 있는 청동구리판이 붙여져 있다.

이 지역의 땅은 사실 루터 가의 영역이라 할 수 있다. 한 사람을 예로 들면 마틴 루터의 몇 대 손자인 요한 마틴 루터(Johan Martin Luther, 1619-1669)는 부어쩬의 바로 옆 지역인 호부르그(Hohburg)의 기사령을 소유한 부유한 사람이었다. 더욱이 그는 부어쩬 돔의 평의원이었다(1649-1669). 동쪽 성단소에 그의 기념판(검고 흰 대리석판)이 있다.

또 한명의 돔 평의원이었던 루터 가의 사람이 있다. 요한 빌헬름 루터(Johan Wihelm Luther)이다. 그는 요한 마틴 루터가 마가렛트 소피(Margarete Sophie, 결혼전 성은 휠제만 [Hülsemann])와 두 번째 결혼해서 나온 아들이다. 그리고 이외에 또 유명하지는 않지만 많은 루터 가문의 사람들이 있다.

루터는 분쟁의 중재자로 기꺼이 나서곤 했다. 그는 부어쩬의 파벌 싸움에도 중재자로 나섰다. 1542년에 터키를 상대로 한 전쟁에 필요한 지원금을 받아내기 위해 선제후의 명령 하에 군대가 움직였다. 앞에 세운 명분은 사실 핑계에 불과하고 원래는 권력 싸움이었다. 전쟁의 위기감이 고조되었다. 루터는 이때 양쪽 진영을 상대로 충분히 대화와 토론을 함으로 이 싸움을 중재하여 피를 보는 싸움을 막았다.

부어쩬은 도로 B6의 B106이 갈라지는 곳에 위치해있다. 루터와 상관없는 색다른 사실은 요아킴 링엘나츠(Joachim Ringelnatz)˚가 태어난 곳이다. 그를 기념하는 길과 박물관이 만들어져 있다.

˚ 독일 작가이자 화가이며 희극인으로 바이마르 공화국 시절 최고의 인기를 누렸다(1883-1934년)-역주.

1542
돔에는 개신교 예배가 드려졌다. 그러나 가톨릭 주교들이 1581년까지 바로 옆에 있는 궁성에서 거주하고 있었다.

91 짜이츠: 미샤엘리스교회
루터 가문 협회 본부가 있는 곳

짜이츠(Zeitz)는 루터 후손의 도시이다. 이에 걸맞게 2001년부터 루터 가문 협회(Lutheriden-Vereinigung)의 본부가 짜이츠에 있다. 이 협회의 역사는 루터의 손자로 짜이츠의 미샤엘리스교회(Michaeliskirche)에서 결혼한 요한 에른스트 루터(Johann Ernst Luther)로부터 시작된다. 그는 그의 아내 마르타(Martha) 사이에 8명의 아이를 낳았다. 그의 후손들 모두 짜이츠의 루터 가문을 이루었다.

요한 에른스트 루터의 증손자인 프리드리히 마틴 루터(Friedrich Martin Luther)는 짜이츠 시의 두 번째 시장이다. 그는 1725년에 마찬가지로 성 미샤엘리스교회에서 결혼을 했다. 더 많은 루터가의 후손들이 이 교회에서 세례를 받거나 결혼 서약을 했다. 물론 오늘날도 마틴 루터의 후손들이 짜이츠에 많이 살고 있다.

루터 가문 협회는 루터 장미 문양을 로고로 사용하고 있으며 마틴 루터의 업적을 기리는 일과 사회적인 활동들을 하고 있다. 또한 이 협회는 마틴 루터 후손들이 관계를 이어나갈 수 있도록 정기적인 모임을 이루어나가고 있다.

대략 1882년에 미샤엘리스교회 도서관에서 1517년의 95개 조항이 발견되었다. 이 문서는 종교개혁 시대의 원본 문서 중 가장 희소성의 가치가 높은 문서로 꼽힌다. 모리츠부르그(Moritzburg)의 토어하우스(Torhaus)에는 루터 후손 도서관이 있다. 이곳에는 다른 귀중한 유물들이 이목을 끄는데 특히 루터의 후손들이 개인적으로 소장하고 있다가 기증한 가치 높은 고서들이 있다.

이 시의 가장 중요한 교회는 미샤엘리스교회이다. 핵심만 말하면 낭만주의 양식이고 1154년의 문헌에 처음 나타나며 1450년에 다시 후기 고딕 양식으로 개축되었다. 1537년부터 요한 크라머(Johann Cramer)가 개신교 설교를 하기 시작했으며 1539년에 에버하르드 브리기서(Eberhard Brigisser)가 첫 교구감독직으로 부임하면서 개신교교회가 되었다. 1541년에 선제후 프리드리히 폰 작센은 이 교회 소속이었던 성 슈테판 수녀수도원을 해체시켰다. 이 수도원의 재산은 개신교 단체와 교회를 지원하기 위해 교회 헌금으로 적립되었다. 미샤엘리스교회는 오늘날 예배와 만남의 장소로 사용되고 있다.

미샤엘리스교회는 짜이츠의 미샤엘리스키르히호프(Michaeliskirchhof)에 위치해 있다. 시청과 가까운 거리이다. 모리츠부르그나 궁성교회 쪽으로 가려면 라네 거리(Rahnestrasse)와 돔헤렌 거리(Domherrenstrasse)로 가면 된다.

1537
요한 크라머가 미샤엘리스교회에서 처음 개신교식 설교를 하였다.

체읍스트: 프란시스세움
학교가 수도원 안에 있는 곳

비텐베르그로 가는 길목에 있는 가장 중요한 도시인 체읍스트(Zerbst)는 당시 역사적으로 경제적으로 안할트 주에서 가장 큰 도시였으며 종교개혁으로 인하여 "전체 안할트 주의 자랑거리요 보석"(decus et ornamentum totius Anhaltinatus)과 같은 존재가 되었다.

종교개혁의 흐름에서 교육의 중요성이 부각되었다. 그래서 교육기관을 세우는 것이 급선무였다. 니콜라이학교가 약 1526년에 세워졌다. 이 학교는 1234년에서 1245년 사이에 지어져 종교개혁 시작 전까지 수도원으로 존재했던 프란체스코수도원 건물로 약 1532년에 이사를 왔다. 종교개혁과 함께 수도사들은 수도원을 하나둘씩 떠나기 시작했다. 1532년에는 한 명의 수도사만이 남게 되었고 이 수도사마저도 1534년에 수도원을 떠났다. 이 학교는 학교의 수호신 세례요한의 이름을 따 1803년까지 요하니스학교(Johannisschule)라 불리웠다.

체읍스트는 안할트 주에서 영적으로 신학적으로 중심지였다. 체읍스트는 안할트 지방에서 유일하게 3개의 수도원이 있는 시이기도 하다. 체읍스트는 종교개혁으로 인하여 많은 변화를 겪었으며, 안할트 주에서 종교개혁의 선구자의 역할을 했다. 주목할 만한 것은 독일 전역에 퍼져 있던 다른 프란체스코수도원은 가톨릭 진영에서 가장 중요한 역할을 하고 있었지만 체읍스트의 프란체스코수도원에는 종교개혁의 알람이 울렸다는 것이다. 이로 인하여 일찌감치 안할트 주에서 종교개혁의 승리가 확정되었다.

프란시스세움(Francisceum)은 이렇듯 역동적인 역사를 가지고 있다. 그러므로 오늘날 이 건물에 있는 김나지움을 통과하여 옛 수도원 건물을 돌아보는 것은 더욱더 인상적일 것이다. 내부가 현대적인 교육기관인 김나지움이 역사적인 수도원 건물에 들어와 완벽하게 자리를 잡고 있는 형태이다. 현대적인 용도가 수도원 구조물과 만난 것이다. 현대적인 건축으로 약간은 원래 형태에서 변형된 부분도 있지만 그래도 옛것과 현대를 잘 조합하여 원형을 보존하고 있다. 환상적인 조합이다.

이외에 체읍스트가 "배출한 인물"은 러시아 제국의 황후 카타리나 대제(Kaiserin Kathatina die Große)가 있다. 그녀는 1729년에 프로이센 슈테틴(Stettin)에서 태어났으나 원래는 안할트-체읍스트 귀족 가문 출신이었다.

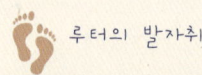

프란시스세움은 체업스트 바인베르그(Weinberg) 1에 있다. 이곳은 현재 학교이므로 방문객은 수업시간에는 들어가지 않는 것이 좋다. 그러나 한 번은 둘러볼 만한 곳이다. 역사적으로 매우 인상적인 건물이다.

1534
마지막 프란체스코수도원 수도사가 수도원을 떠났다. 이와 동시에 종교개혁의 물결이 체업스트에 광범위하게 퍼져나갔다.

93 쳄니츠: 니콜라이교회
종교개혁 역사를 바라보는 안목을 얻을 수 있는 곳

니콜라이교회(Nicolai-Kirche)는 쳄니츠 시 역사의 한 부분을 이룬다. 그리고 또한 독일 종교개혁 역사와도 함께 한다. 이 교회는 낭만주의 바실리카 양식의 교회로 후기 고딕 양식의 성단소를 갖추고 있으며 쳄니츠 시의 발전사와 함께 했고, 중세시대 부와 자존감을 상징하는 심볼이었다. 1945년에 전쟁으로 부서지면서 근대 사회의 가장 끔찍한 세계 대전의 경고물의 상징이기도 하다.

15세기 말경에 전국이 들끓었고 기존 가톨릭교회에 대한 불만이 팽만해 있었다. 그럼에도 불구하고 아니 바로 그랬기 때문에 면죄부 판매가 성행을 이루었다. 작센 비텐베르그의 선제후는 자기의 영토 안에서는 면죄부 판매를 금지했다. 그러나 이 금지 명령은 지켜지지 않았다. 오히려 이웃 지역 쳄니츠로 몰려가서 죄를 탕감받기 위한 면죄부를 사게 하는 결과를 낳게 되었다.

쳄니츠의 종교개혁은 시교회인 성 니콜라이교회에서부터 시작되어 성공적으로 이루어졌다. 그러나 처음에는 칼슈타트를 따르는 급진적인 개혁자들이 세력을 더해 갔다. 금칠을 한 고딕 양식의 양 날개 제단과 조각상들이 불태워졌다. 쳄니츠의 소요가 한창이고 반란자들이 프란체스코수도원을 습격하자 루터는 1522년 5월 18일에 쳄니츠를 방문했다. 루터는 쳄니츠 시참사회의 요청에 따라 소요를 잠재우기 위해 왔던 것이다. 이때 그는 14개의 강연을 하였는데 그중 하나의 설교 제목이 "죄, 의 그리고 심판에 대한 설교"(Sermon von Sünde, Gerechtigkeit und Urteil)이었다. 1544년 7월 22일에 루터는 직접 테오도르 파브리시우스(Theodor Fabricius)를 성 니콜라이교회의 목사요 쳄니츠 교구의 총 감독직으로 임명한다. 임명된 파브리시우스는 쳄니츠 교회 규율을 만들었다.

쳄니츠에는 일찍이 개신교 전통에 따라 1526년에 시립 라틴어 학교인 니콜라이학교가 세워졌다. 이 학교는 음악 중점학교였다. 개신교도들은 교육을 중요하게 생각했다.

1945년의 전쟁으로 인한 피해는 니콜라이교회의 운명을 결정지었다. 이 교회는 이후로 폐허 유적으로 남았다. 그리고 기독교 신앙에서 멀리 떨어져 나온 이 시대에 전쟁 경고 상징물의 역할을 하고 있다. 폐허지만 남은 교회 유적지는 아주 인상적이다. 두 개의 종탑만이 많은 시대를 지나면서 보존되어 전해져 온다.

> 북쪽 종탑에는 5톤 무게의 글로리오사(Gloriosa) 종이 제작되어 2007년부터 울리기 시작했다. 잘쯔 거리(Salzstrasse)가 성-트리니타티스 교회(St.-Trinitatis-Kirche)와 니콜라이교회 유적지 사이를 가로지르고 있다. 이 거리는 시장 광장까지 연결되어진다. 이곳이 바로 체업스트 시의 심장부이다.

1522
루터는 "소방관"(Feuerwehrauftag)의 임무를 띠고 체업스트에 왔다. 그는 체업스트 시참사회의 요청에 따라 소요의 불을 끄러 온 것이다.

94 쳬업스트: 성 바돌로매
종교개혁이 되풀이 된 곳

원래 성 바돌로매교회(St. Bartholomäi)에는 성 니콜라이교회와 외곽 지역에 있는 다른 교회의 감독직이 거주하고 있었다. 아마 그래서인지 성 바돌로매교회도 루터의 설교 후 얼마 있지 않은 1522년에 개혁이 이루어졌다. 과도기적인 시기였기는 하지만 프란체스코수도원 출신 수도사가 성 바돌로매교회의 첫 개신교 설교자가 되었다. 1524년 10월에 파울루스 그룬아르트(Paulus Grunart)가 정식으로 임명되어 첫 개신교 목사요 교구 감독자, 궁정 설교자로 부임했다.

어거스틴수도원이 종교개혁에서 프란체스코수도원보다 뒤 떨어진 것은 아니다. 이미 1525년에 어거스틴수도원이 해체되었다. 그들은 수도원의 수익금을 서로 나누어 가지고 환호하며 찬송가를 부르면서 브라이트-거리-성문(Breite-Straßen-Tor)을 지나 세상 속으로 나아갔다고 전해지고 있다. 이후 수도원 건물은 루터의 건의에 따라 병원 건물로 사용되었다. 성 바돌로매교회는 원래 약 1150년대에 낭만주의 양식으로 지어진 건물이다. 오늘날 북쪽 건물 정문은 낭만주의 양식을 그대로 가지고 있다. 여러 번 개축이 이루어졌으며 지금은 삼랑식 예배당, 현관홀과 제의실이 있는 바실리카 양식의 건축물이다. 옆쪽으로 떨어져 서 있는 탑은 1350년 전에 있었던 것으로 이 지역에 위험과 긴급 사태를 알리는 종탑 역할을 하였다.

1945년 4월 18, 19일에 이루어진 공중 폭격으로 이 교회는 완전히 불타 소실되었다. 그후 계속적으로 남은 부분을 고정시키고 보수하면서 제단실과 세 개의 교회 본당 건물 중 하나를 복원시켰다. 역사적인 폐허 유적지와 완벽히 복원된 본당 건물은 찾는 이들에게 지울 수 없는 인상을 준다.

쳬업스트에는 종교개혁의 역사가 되풀이되었다. 면죄부 판매에 의해 점철되었다가 농민 반란으로 시 전체가 뒤흔들렸고 멜란히톤을 동행한 루터에 의해 소요가 가라앉았다. 멜란히톤은 1546/47년의 긴 시간동안 쳬업스트에 머무르면서 이곳의 종교개혁에 엄청난 영향을 주었다. 그러나 이곳에서 단시간 내에 새로운 믿음을 받아드릴 수 있었던 결정적인 요인은 쳬업스트 시민의 용기와 결단력이라고 할 수 있을 것이다. 쳬업스트는 전체 안할트 주의 첫 개혁된 도시로 종교개혁의 역사의 일부를 썼다고 할 수 있다.

성 바돌로매 교회의 폐허 유적지와 새로 복원된 교회는 슐로스프라이하이트(Schlossfrieheit) 3에 있다. 이곳에서 아주 가까운 거리에 궁성과 중세시대 귀족들의 집들이 보존되어 남아 있다.

1522
루터는 체업스트에서 설교했고 시참사회를 설득하여 첫 개신교 영적인 지도자가 부임할 수 있도록 하였다.

95 쯔빅카우: 시청사
루터가 쯔빅카우 선지자와 싸운 곳

　1522년 5월 1일에 루터가 쯔빅카우 시청사(Rathaus) 발코니에 서서 설교를 한 것은 확실하다. 이 날 루터의 설교를 듣기 위해 쯔빅카우(Zwickau)와 이웃 지역에서 온 사람들이 14,000명이었다고 전해진다.

　실제로 이 만큼 많았을까?

　다른 기록에는 7,000명이라고 하는데, 시청사의 수용할 수 있는 인원을 감안한다면 후자가 사실에 더 가까워 보인다. 쯔빅카우는 비텐베르그 다음으로 종교개혁이 완전히 이루어진 두 번째 도시였다. 이 순위는 사실 오늘날 큰 의미는 없다.

　비텐베르그에서 개혁을 이미 경험한 세 남자는 1520년에 쯔빅카우에서 개혁의 복음을 전파했다. 그들은 단시간에 쯔빅카우에 개혁을 단행하려고 했다. 쯔빅카우에는 당시 많은 가난한 수공업자들이 살았는데 이들에게는 종교적인 개방이 바로 자신들의 자유를 의미했다. 그러므로 그들은 그들의 계획을 실행에 옮겨 놓기만 하면 되었다. 그리하여 쯔빅카우 선지자 운동이 벌어지기 시작했다. 그들의 주장은 교회에서 일어나는 종교적인 행위는 아무 쓸모가 없다는 것이었다. 예수님 말씀에 대한 믿음만이 아니라 말씀에 따라 행위가 이루어져야한다고 주장했다.

　쯔빅카우 시장, 마리엔교회 목사와 마틴 루터는 이 선지자들에 대항했다. 루터는 이로 인하여 『그리스도인의 자유』(Von der Freiheit eines Christenmenschen)라는 글을 썼다. 4월20일에서 5월2일까지 루터는 쯔빅카우 시참사회의 초청에 응하여 이곳에 머물면서 여러 번의 설교를 하였다. 그러나 루터의 평화적인 설교는 사람들을 설득시키는데 성공하지 못했다. 당시 쯔빅카우 카타리나교회(Zwickauer Katharinenkiche)의 사역자였던 토마스 뮌처는 루터를 정면으로 반대했다. 결국 농민 반란이 일어났고 이로 인하여 도시가 승인된 루터식 교회 규율을 받아들이기까지 많은 시간이 걸렸다(1529). 1521년에 마리엔교회의 사역자 니콜라우스 하우스만(Nikolaus Hausmann)이 루터식의 예배를 드리기 시작했고 1522년에 루터가 직접 쯔빅카우에서 4번이나 설교를 하였다.

작센 지방의 대도시인 쯔빅카우는 쯔빅카우 물데 강 유역에 있다. 시청사는 시의 중앙부에 있다. 한 번 이곳에 온 적이 있어서 두 번째 방문이라면 시간을 들여 시 전체 구석구석을 자세히 살펴보면 좋을 것이다. 이것은 루터 팬만이 아니라 일반 관광객들에게도 시간을 들인 만큼의 보상이 있을 것이다.

1521
마리엔교회의 사역자 니콜라우스 하우스만(Nikolaus Hausmann)은 첫 개신교식 예배를 드렸다.

부록: 책에 명시된 지역 도시들의 위치

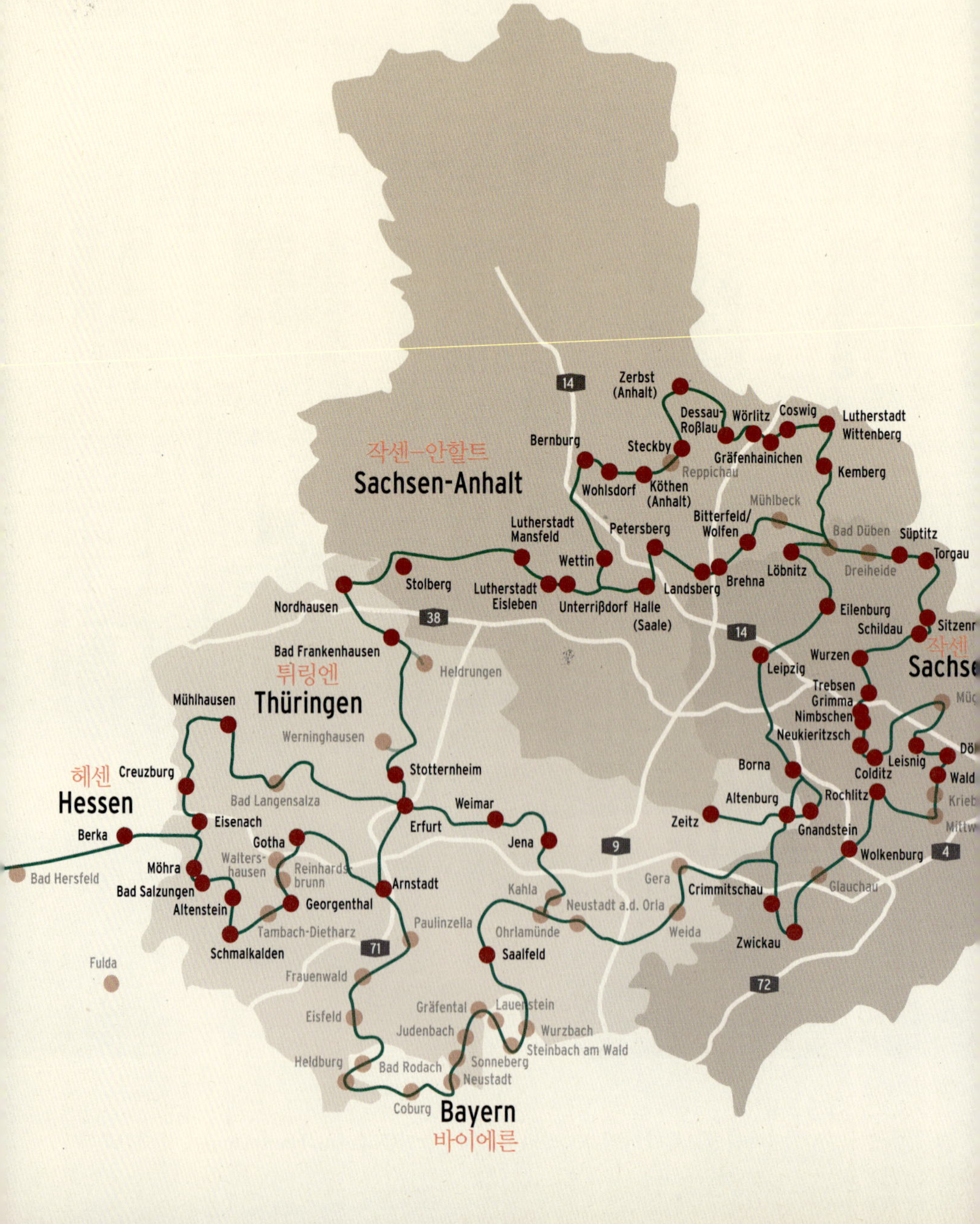

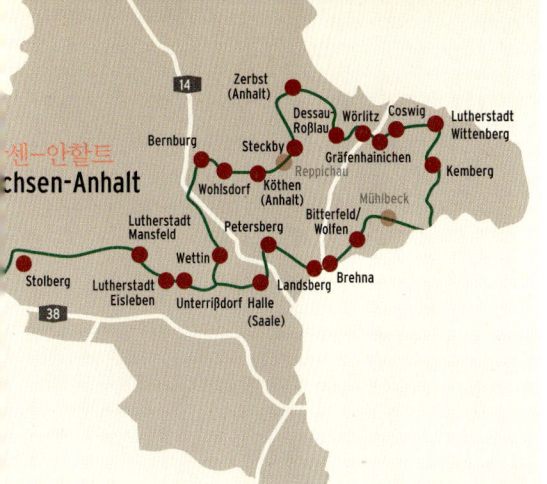

◀ 작센-안할트

튀링엔 ▶

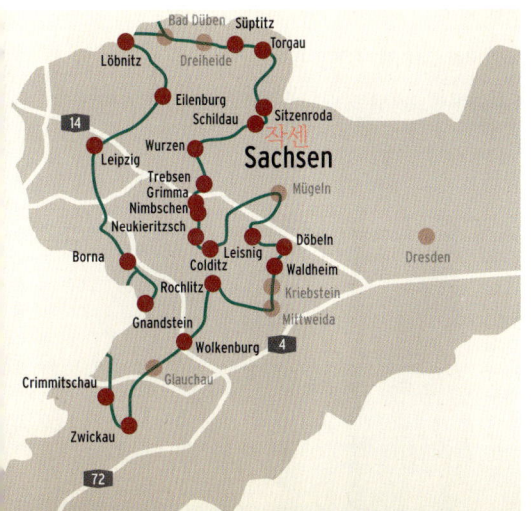

◀ 작센

루터의 발자취
95 Lutherorte, die Sie gesehen haben müssen

2017년 6월 20일 초판 발행

| 지 은 이 | 베르너 슈반펠더
| 옮 긴 이 | 조미화

| 편　　집 | 변길용, 곽진수
| 디 자 인 | 신봉규, 서민정
| 펴 낸 곳 | 사)기독교문서선교회
| 등　　록 | 제16-25호(1980. 1. 18)
| 주　　소 | 서울시 서초구 방배로 68
| 전　　화 | 02) 586-8761~3(본사) 031) 942-8761(영업부)
| 팩　　스 | 02) 523-0131(본사) 031) 942-8763(영업부)
| 홈페이지 | www.clcbook.com
| 이 메 일 | clckor@gmail.com
| 온 라 인 | 기업은행 073-000308-04-020, 국민은행 043-01-0379-646
　　　　　　 예금주: 사)기독교문서선교회

ISBN 978-89-341-1663-9 (93230)

* 낙장·파본은 교환해 드립니다.

이 도서의 국립중앙도서관 출판시 도서목록(CIP)은 서지정보유통지원시스템 홈페이지(http://seoji.nl.go.kr)와
국가자료공동목록시스템(http://www.nl.go.kr/kolisnet)에서 이용하실 수 있습니다.
(CIP제어번호: CIP2017010248)